GÜTERSLOHER
VERLAGSHAUS

MODULE
DER
THEOLOGIE

Band 1

Peter Mommer

Altes Testament

Gütersloher Verlagshaus

Bibliografische Information der Deutschen Nationalbibliothek

Die Deutsche Nationalbibliothek verzeichnet diese Publikation in der Deutschen Nationalbibliografie; detaillierte bibliografische Daten sind im Internet über http://dnb.d-nb.de abrufbar.

FSC © Mix
Produktgruppe aus vorbildlich bewirtschafteten Wäldern, kontrollierten Herkünften und Recyclingholz oder -fasern
www.fsc.org Zert.-Nr. SGS-COC-004278
© 1996 Forest Stewardship Council

Verlagsgruppe Random House FSC-DEU-0100
Das für diese Buch verwendete FSC-zertifizierte Papier *Munken Premium* liefert Artic Paper Munkedals AB, Schweden.

Umschlaggestaltung: Init GmbH, Bielefeld
Druck und Bindung: Těšinská Tiskárna, a.S., Český Těšin
Printed in Czech Republic
ISBN: 978-3-579-08081-9

www.gtvh.de

Inhalt

Vorwort

Die Ruhr-Universität Bochum war eine der ersten in Deutschland, die ihre Studiengänge (vor allem im Lehramt) auf das neue BA-Modell umgestellt hat. Dabei haben wir nicht einfach alte Veranstaltungsformen umgewidmet, sondern nach neuen Formen gesucht, die dem Ziel der BA-Ausbildung – Vermittlung von grundlegendem Fachwissen bei gleichzeitiger Konzentration auf wesentliche Inhalte – entsprechen sollten. So liegt es nahe, für dieses Studienmodell auch eine spezifische Literatur bereitzustellen. Gerne bin ich darum dem Wunsch nachgekommen, die Fachdisziplin Altes Testament in dieser Reihe vorzustellen.

Dass ein solches Buch bei den Fachkolleginnen und Fachkollegen wegen der Kürze der Darstellung und der fehlenden Diskussion auch das eine oder andere Stirnrunzeln hervorrufen wird, weiß ich natürlich. Aber hier geht es darum, gleichsam eine Schneise durch das Dickicht der gegenwärtigen Forschung zu schlagen. Dabei ist klar, dass man jede getroffene Entscheidung für die eine oder andere Meinung auch anders treffen könnte. So ist die Arbeit an einem solchen Buch mit hoher Verantwortung verbunden sowohl vor den Leserinnen und Lesern wie vor dem Gegenstand selbst. Wenn es gelingen sollte, Studierende und andere Interessierte neugierig gemacht zu haben auf das Alte Testament und das Abenteuer seiner Erforschung, wäre das wichtigste Ziel erreicht.

Widmen möchte ich das Buch meinen Töchtern Kathrin und Karolin, die gelegentlich bemerken: „Immer sitzt du an deinem Schreibtisch." Ich hoffe, ich kann ihnen einmal vermitteln, dass Vieles von dem, was mir hier durch den Kopf geht, ganz viel mit ihnen zu tun hat.

Bochum, Ostern 2009 Peter Mommer

1. Die Welt des Alten Testaments

1.1 Begegnungen mit dem Alten Testament

1. Warum beschäftigen wir uns mit dem Alten Testament?

Begriff „Altes Testament“

Wie kommt es zu dem Begriff Altes Testament? Testament ist die lateinische Wiedergabe des griechischen Wortes „diatheke“, das eigentlich „Bund“ bedeutet. Es steht für den hebräischen Ausdruck b^{e}rit. In Jer 31,31ff. wird ein neuer Bund verheißen. Die neutestamentlichen Autoren nehmen diese Ankündigung auf und beziehen sie auf die Ereignisse um Jesus. So kommt die Rede vom neuen Bund auf, dem der dann alte Bund gegenübersteht. Von dieser Redeweise ist der Begriff auf die beiden Teile der Bibel übergegangen. So ist das Alte Testament der erste Teil der christlichen Bibel.

alternative Begriffe

Aber darüber hinaus – und zuerst – ist es mit der Bezeichnung TENAK (hebr.: Abkürzung von Thora, Nebiim [Propheten], Ketubim [Schriften]) die religiöse Grundurkunde des Judentums. Es hat darum aus Respekt vor dem Judentum und unter dem Eindruck einer 2000-jährigen spannungsvollen Geschichte zwischen Christen- und Judentum Versuche gegeben, den Begriff Altes Testament zu ersetzen. In der Hauptsache werden als Alternativen heute „Hebräische Bibel“ und „Erstes Testament“ verwendet. Allerdings sind beide Begriffe nicht glücklich gewählt. Die Hauptkritik am Begriff „Altes Testament“ richtet sich gegen ein Verständnis von „alt“ im Sinne von „überholt, nicht mehr aktuell“ und theologisch gegen eine damit verbundene Abwertung des Judentums. Das trifft aber auch beim Begriff des „Ersten“ zu, der sich auch im Sinn des Vergangenen deuten lässt. Nach unserem Verständnis setzt ein zweites Testament das erste außer Kraft. Nicht unproblematisch ist der Begriff der „Hebräischen Bibel“, weil Hebräisch hier nicht klar definiert ist.

Meint es die Sprache? Dann ist es ganz falsch, weil sich im Alten Testament auch aramäische Anteile finden. Oder sind damit eher die Kultur und ethnische Zugehörigkeit der Überlieferer und der heutige Gebrauch im Blick? Dann wäre es ehrlicher, von der jüdischen Bibel zu sprechen – aber auch das passt eben nicht ganz, denn dann wäre das Neue Testament (allein) die christliche Bibel, und das ist eine unsachgemäße Verkürzung.

So spricht aus meiner Sicht nichts gegen das „Alte Testament", wenn man dabei „alt" nicht mit überholt oder abständig gleichsetzt und in einen grundsätzlichen Gegensatz zum Begriff „neu" setzt. Man wird dabei auch immer die besondere Rolle des Alten Testaments im Auge haben, das eben zuerst ein Buch des Judentums und erst in zweiter Linie eines des Christentums geworden ist, vom Islam ganz zu schweigen, der sich mit dem Koran auf alttestamentliche Überlieferungen bezieht und sie in seiner eigenen Weise im Horizont einer neuen Religion auslegt.

Rolle der Bibel

Wenn wir uns mit dem Alten Testament (und der Bibel insgesamt) beschäftigen, dann tun wir das zunächst deshalb, weil dieses Buch für die christliche Religion eine entscheidende Rolle spielt. Die Bibel ist das Grunddokument der Religion, des Glaubens und der Kirche, gleich welcher Prägung. Eine intensive Auseinandersetzung mit der biblischen Überlieferung ist darum unumgänglich.

Aber auch über den engen Bereich der Religion hinaus gibt es gute Gründe, sich mit der Bibel zu befassen. Wir hören heute ständig vom christlichen Abendland und der jüdisch-christlichen Tradition, in der wir als Einzelne und als Gesellschaft stehen. Wenn in diesem Zusammenhang von jüdischer Tradition die Rede ist, geht es im Grunde um die alttestamentlichen Wurzeln oder die vom Alten Testament angestoßenen Traditionen, interpretiert im Rahmen der christlichen Religion, die unsere Kultur und unser Leben beeinflusst haben.

2. Berührungspunkte

unmittelbare Begegnungen

Meine erste Begegnung mit dem AT liegt lange Jahre zurück. Als Kind wurde ich gelegentlich von meinen Großeltern und Eltern mit dem Elterngebot konfrontiert: „Du sollst Vater und Mutter ehren ..." Sie taten das nicht, weil sie besonders religiös geprägt waren. Die Kenntnis der Gebote gehörte in dieser Zeit – noch – zum kulturellen Allgemeingut, wie vieles andere auch. Auch in der Gegenwart ist das AT präsent, häufig ohne dass wir es bemerken. Wer denkt beim „Sündenbock" schon an ein Ritual, das nach Lev 16 am Versöhnungstag zelebriert wird, wo ein Bock, symbolisch mit den Sünden des Volkes beladen, „in die Wüste geschickt" wird. Oder wer weiß schon, dass das Unheil kündende „Menetekel" aus dem Danielbuch stammt, der Regenbogen als Hoffnungszeichen aus der Genesis oder das Friedenssymbol „Schwerter zu Pflugscharen" (die Plastik im Garten des UNO-Hauptgebäudes in New York ist ein Geschenk der damaligen UdSSR) aus dem Jesajabuch. Wenn Jesus zur Nächstenliebe aufruft mit dem berühmten Satz „Liebe deinen Nächsten wie dich selbst", zitiert er lediglich das AT (Lev 19,18). Das AT ist eben mehr als „Auge um Auge", wobei dieser Satz, der im Übrigen schon in altorientalischen Rechtssammlungen steht, Blutrache als Rechtsinstitut (!) begrenzen soll. Kaum ein anderes Wort des AT ist so sehr missgedeutet worden wie dieses bis dahin, dass man dem angeblichen Vergeltungsdogma des AT das NT als Friedensbotschaft entgegenstellt, was völlig an der Sache vorbeigeht.

Gesellschaft

Aber auch über diese vordergründige Begrifflichkeit hinaus ist unser gesellschaftliches und politisches Leben von atl. Vorstellungen geprägt. Wer einmal aufmerksam Bundestagsdebatten verfolgt, wird feststellen, wie häufig Politikerinnen und Politiker auf alttestamentliches Gedankengut Bezug nehmen – oft ohne es selbst wahrzunehmen. Unsere Vorstellungen von Achtung vor dem Leben, von Solidarität, Gerechtigkeit und Verantwortung sind im Wesentlichen atl. Ursprungs. Damit zusammen hängt das jüdisch-christliche Gottesbild, das immer noch als große Klammer auch unserer Gesellschaft dient und das darum in Form des Gottesbezugs in der Einleitung unseres Grundgesetzes vor allem anderen steht („Im Bewusstsein seiner Verantwortung vor Gott und den Menschen ...") Und wenn wir heute eine 7-Tage-Woche haben mit entsprechenden Ruhephasen, verdanken wir das letztlich dem AT.

Eine mindestens ebenso große Rolle spielt die biblische Überlieferung – und damit auch das AT – für die Kunst. Malerei und Bildhauerei, Musik und Literatur sind bis in die Gegenwart hinein oft von religiösen Motiven beeinflusst – und sei es, dass sich Kunst heute kritisch mit religiösen Traditionen auseinandersetzt.

Religion und Kirche

Von der Religion selbst war bisher noch keine Rede. Es ist evident, dass die biblische Überlieferung in diesem Bereich die stärkste Prägung hinterlassen hat; das gilt auch und gerade für das AT. Auch wenn viele Kirchen in Kreuzform gebaut sind – in ihrem Zentrum steht ein Altar, der atl. Ursprungs ist. Kein Gottesdienst, der mit Sündenbekenntnis, Lobpreis und Fürbitte nicht atl. Formen aufnimmt, von Formeln wie „Halleluja" ganz zu schweigen. Wie viele Generationen haben nicht wenigstens die Zehn Gebote und den 23. Psalm („Der Herr ist mein Hirte ...") auswendig gelernt und dabei Wesentliches über den Gott des AT und sein Verhältnis zu den Menschen gelernt. Bei wie vielen Taufen werden Worte des Beistands gesprochen wie Jes 43,1 („Fürchte dich nicht ...") oder Psalm 91,11 („Denn er hat seinen Engeln befohlen ...). Und wie oft ist an Gräbern die Rede davon, „dass mein Erlöser lebt" (Hi 19,25). Die christlichen Gesangbücher sind voll von atl. Anspielungen. Allein auf diesem Hintergrund ergeben sich die Notwendigkeit und auch der Reiz, sich mit dem AT zu beschäftigen.

3. *Das Problem der Offenbarung*

Bibel als „Wort Gottes"

Ist von der Bibel die Rede, wird alternativ auch vom „Wort Gottes" gesprochen. Dahinter steht die Idee, dass die Bibel in noch genauer zu bestimmender Weise auf die Offenbarung des göttlichen Willens zurückgeht. Diese Vorstellung knüpft an das AT an, nach dessen Erzählungen Gott sich auf unterschiedliche Weise Menschen offenbart. Mit dem Ende der Prophetie ist auch diese „direkte" Offenbarung an ihr Ende gekommen. An ihre Stelle tritt die Schrift. Eine besondere Rolle spielt die Bibel dabei in den reformatorischen Kirchen. Hier kommen zwei Dinge zusammen. Zum einen ist das die Epoche des Humanismus, in der ein besonderes Interesse an alten Quellen erwacht („ad fontes" [lat.] = „[zurück] zu den Quellen"). Auf der anderen Seite tritt die Bibel in ein Vakuum ein, das die nun fehlende kirchliche bzw. päpstliche Lehrautorität hinterlässt. Allein die Bibel wird für diese Kirchen (anders etwa als im Katholizismus, wo kirchliche Tradition und Lehre eine große Rolle spielen) der Maßstab kirchlichen und persönlichen Handelns. Dazu kommt das Gemeindeverständnis, das von mündigen Gemeindegliedern ausgeht, die die Geschicke der Gemeinden selbst in die Hand nehmen und auch über die Arbeit ihrer Pfarrer urteilen sollen. Dafür ist die Bibel als Grundlage von Glaube und Handeln unverzichtbar.

Inspiration

Um die Autorität der Bibel zu stärken, verfestigte sich im 17. Jh. n. Chr. die Inspirationslehre (lat.: spiritus = Geist). Man unterscheidet Real-, Personal- und Verbalinspiration. Bei der Realinspiration hat Gott das Thema (lat.: res = Sache) vorgegeben, der jeweilige Autor entfaltet das entsprechend. Die Personalinspiration geht von geistbegabten Verfassern aus, die ihre eigenen Themen entwickeln. Die Verbalinspiration schließlich sieht in den Verfassern nur Schreiber des Wort für Wort von Gott vorgegebenen Texts.

Wenn heute in konservativen christlichen Kreisen die Bibel als Wort Gottes angesehen wird, steht dahinter oft die letzte Vorstellung, die aber in immer neue Widersprüche führt. Denn die Idee scheitert schon an der Fülle von Übersetzungen und differierenden alten Quellentexten – eine wirkliche Originalhandschrift haben wir nicht –, von ganz offensichtlichen Brüchen, Widersprüchen und sachlichen Fehlern in den Texten einmal ganz zu schweigen. Aber auch wenn man sich von dieser Vorstellung allein auf dem Hintergrund des biblischen Befundes selbst verabschieden muss, so bleibt die Idee der Bibel als Wort Gottes doch wahr. Allerdings ist sie zu verstehen in dem Sinn, dass sich in ihr das Wort Gottes offenbart, es ist nicht damit identisch. Die Bibel zeugt von den Offenbarungen Gottes in der Welt, ist damit aber nicht identisch und eben Menschenwort.

Bibelkritik

Damit ist der Weg frei für eine Bibelkritik, wie sie seit der Aufklärung (18. Jh. n. Chr.) betrieben wird. Das Wort Kritik ist dabei im Sinne von „Unterscheidung" (griech.: krino = unterscheiden) zu verstehen. Die moderne Bibelkritik steht damit in der Tradition Luthers, der sehr wohl Unterschiede bei der Interpretation biblischer Texte machte und eine innere Bibelkritik einforderte. Für ihn war das Gottes Wort, „was Christum treibet“, will sagen, was Evangelium, also gute Botschaft war. Mit diesem Kriterium konnte Luther für ihn wichtige von unwichtigen Passagen unterscheiden und manche Überlieferung auch für bedenklich oder gar obsolet erklären. Dennoch hält er an der Bibel als alleinigem Maßstab fest – an ihr sollen sich alle Lebensäußerungen der Kirche und der einzelnen Gläubigen messen lassen müssen. Das gilt vor allem in Bezug auf das Problem der außerbiblischen Offenbarungen – oder was manche dafür halten oder ausgeben. Kurz gesagt: Jeder kann sich hinstellen und sich auf göttliche Offenbarung bzw. Inspiration berufen (und wer sich die überaus bunte religiöse Welt anschaut, weiß, wovon die Rede ist). Es braucht ein Kriterium, um „die Geister zu unterscheiden“. Dieses Kriterium war und ist in den protestantischen Kirchen die Bibel – darum wird um ihr rechtes Verständnis gerungen.

4. Die Funktion der Bibel in der christlichen Kirche

Nach dem Augsburger Bekenntnis von 1530 gehört zu den Kennzeichen der Kirche die „rechte Predigt des Evangeliums“. Beide Begriffe darf man nicht zu eng fassen. Mit Evangelium ist hier die „gute Botschaft“, d. h. die (Heils-)Kundgebung Gottes in der Bibel schlechthin gemeint und nicht nur der Inhalt der vier Evangelien. Und Predigt meint die Auslegung und Weitergabe dieser Botschaft überhaupt. Es geht also, grob gesagt, um die rechte Weitergabe der biblischen Botschaft unter den Bedingungen der jeweiligen Gegenwart, die zwar nicht den Inhalt, wohl aber die Art und Weise der Weitergabe beeinflusst.

Gottesdienst

Das beginnt beim Gottesdienst und gottesdienstlichen Handlungen. Hier spielen atl. Überlieferungen bei der Gestaltung des Raumes und in der Liturgie eine wesentliche Rolle. Der Predigt selbst liegen neben ntl. auch atl. Texte zugrunde. Zweck der Predigt ist die Vergewisserung des Glaubens sowie die ethische Orientierung der Gemeinde. Dies geschieht in der Regel auf dem Hintergrund der biblischen Überlieferung. Dieser spezifische Hintergrund und der liturgische Rahmen unterscheiden die Predigt von jeder anderen Redeform.

Unterricht

Neben dem Gottesdienst ist der Unterricht zu nennen. Egal ob in Kirche oder Schule, es geht neben der Information über religiöse Inhalte zentral um Persönlichkeitsbildung auf dem Hintergrund jüdisch-christlicher Tradition, um Auseinandersetzung mit dieser Tradition, um die Einübung eigener Formen des Glaubens sowie um Sinnfindung und Sinndeutung und damit um die Bewältigung der Gegenwart und des eigenen Lebens im Kontext des eigenen Glaubens. Das ist ohne Rückgriff auf die biblische Überlieferung im christlichen Raum nicht denkbar.

Kirche und Gesellschaft

Und schließlich geht es um das kirchenleitende, gesellschaftliche und politische Reden und Handeln von Kirche. Bei der Frage, wie eine Kirche verfasst sein soll, welche Regeln in ihr gelten, wofür sie sich engagieren soll oder wogegen sie ihre Stimme erhebt, immer kommen biblische Inhalte mit ins Spiel. Sowohl bei dogmatischen als auch bei ethischen Fragen ist der Rückgriff auf die biblische Überlieferung unverzichtbar. Und das gilt auch bei Fragen, die in den biblischen Texten zunächst gar nicht im Blickfeld sind. Von Kernenergie, pränataler Diagnostik, Apparatemedizin mit der Möglichkeit der Lebensverlängerung, Klimawandel oder Artenschutz sprechen die Texte nicht. Und doch wird in der kirchlichen – und z. T. auch der politischen – Diskussion auf biblische Texte zurückgegriffen, um die eigene Position mit ihrer Hilfe zu stützen. Allerdings geht das meist nicht unmittelbar, sondern bedarf einer systematischen Aufarbeitung durch andere theologische Disziplinen. Und es bedarf der wissenschaftlichen Beschäftigung mit der Bibel selbst – hier dem AT –, die im Folgenden kurz skizziert werden soll.

5. *Die Bibel als Zeugnis einer fremden Welt*

geschichtlicher Abstand

Zwischen uns und der Entstehung der atl. Texte liegt ein Zeitraum von 2000 bis 3000 Jahren. Älteste schriftliche Zeugnisse, die Eingang in die Bibel gefunden haben, stammen möglicherweise aus dem 11. Jh. v. Chr. (das Deboralied Ri 5, heute gelegentlich angezweifelt), der jüngste Text ist das Danielbuch, das um 165 v.

Chr. entstanden ist. Hinter den ältesten Schriftzeugnissen steht mitunter eine mündliche Überlieferung, die noch einmal einige hundert Jahre älter sein kann. Damit stehen wir vor dem, was die Historiker den „garstigen Graben der Geschichte“ nennen. Es versteht sich fast von selbst, dass sich ein direkter Zugriff auf die Texte ohne wissenschaftliche Aufarbeitung verbietet, zumindest dann, wenn die biblische Überlieferung als Argumentationshintergrund für allgemeine kirchliche oder theologische Aussagen dienen soll – der persönliche Gebrauch, etwa als Zuspruch in schwierigen Lebenssituationen, als Trost oder auch als Anfrage an mein Leben bleibt davon zunächst einmal unberührt.

kultureller Abstand, Sprache und Weltbild

Aber nicht nur der zeitliche Abstand macht Probleme. Mit dem AT treten wir ein in einen völlig anderen Kulturraum und eine völlig andere geistesgeschichtliche Situation als die unsere in Westeuropa im 21. Jh. n. Chr. Das antike Israel hat Anteil an der vorderorientalischen Kultur des 2. und 1. Jahrtausend v. Chr. Zwar liegt Israel am Rand der großen Kultur- und Wirtschaftszentren, doch ist es davon nicht unberührt geblieben. So erzählt die Genesis in der Weise vorstaatlicher Gesellschaften vom engen Zusammenhang der vorderorientalischen Völker in Form einer Familiengeschichte. Zur gemeinsamen, wenn auch lokal immer etwas verschiedenen Kultur gehört auch die gemeinsame Sprache bzw. die gemeinsamen Wurzeln, hier das Semitische. Das biblische Hebräisch ist ein nordwestsemitischer Dialekt und eng verbunden mit den Sprachen der Umwelt. In ihnen spiegeln sich gemeinsames Denken und Empfinden wider. So ist Leben in dieser Zeit nicht als autark denkbar; stets spielen die Gottheiten eine Rolle, die das Leben der Menschen unterschiedlich beeinflussen. Gleichzeitig empfinden sich die Menschen stark von der Natur und hier besonders dem Wechsel der Jahreszeiten abhängig. So bilden die religiösen Systeme oft die Naturkreisläufe ab. Das Wirklichkeitsverständnis und die Wahrnehmung der Welt sind deutlich anders als heute. Es ist eher synthetisch und komplex. Für uns unvereinbare Vorstellungen können die Menschen des Vorderen Orients dieser Zeit ohne Probleme nebeneinander stehen lassen. Was uns mit unserer deduzierenden Logik und unserem analytischen, technisch orientierten Weltbild nicht erklärbar ist, macht diesen Menschen keine Probleme, sondern ist für sie lediglich Ausdruck eines Perspektivwechsels und komplettiert ihr Weltbild.

Als die atl. Überlieferungen erzählt und aufgeschrieben wurden, hat an die Bibel und an uns noch keiner gedacht. Es waren, wenn auch gehobene, Gebrauchstexte, die zunächst für den unmittelbaren Gebrauch und allenfalls für eine begrenzte, überschaubare Nachwelt verfasst wurden. Mit der Verbreiterung des Traditionsstroms und der Verfestigung zu religiösen Dokumenten haben sie ihren Charakter teilweise verändert. Wir stehen vor der Aufgabe, sie zunächst in ihrer Eigenart wahrzunehmen.

Fragen:

Fragen

1. Welche Kontakte haben Sie zum Alten Testament?
2. Inwiefern ist die Bibel unverzichtbar für die christliche Religion?
3. Wo gibt es Probleme beim Zugriff auf die Bibel bzw. das Alte Testament?

1.2 Die wissenschaftliche Annäherung an das Alte Testament

1. Die historisch-kritische Methode

historisch-kritische Methode

Nach dem bisher Gesagten ist deutlich, dass es zur sachgemäßen Interpretation der biblischen Texte einer Methodik bedarf, die für alle an der Auslegung Beteiligten wissenschaftlich verantwortet und nachvollziehbar sein muss. Vor allem von Deutschland aus hat sich im Zuge der Aufklärung die sogenannte historisch-kritische Methode herausgebildet. Dabei handelt es sich um eine Methodik, die nicht zuerst im Horizont der biblischen Texte entwickelt wurde, sondern aus dem Bereich der Geschichtswissenschaft und der allgemeinen Philologie stammt. Da die Bibel als historisch-theologisches Dokument ebenfalls den historischen Quellen zuzurechnen ist, kann die Methode ohne Weiteres auf diese Texte übertragen werden. Dabei darf allerdings nicht übersehen werden, dass es sich bei der Bibel nicht nur und auch nicht vorrangig um ein historisches Dokument handelt, sondern um ein theologisches. Mit anderen Worten: Man wird bei der Interpretation der Texte die Methodik behutsam anwenden müssen. Dabei gilt ein wesentlicher Grundsatz: Die Texte müssen die Fragen stellen, nicht die Ausleger. Was das bedeutet, soll im folgenden kurzen Durchgang durch die einzelnen Fragestellungen an Beispielen gezeigt werden.

Textkritik

Wer häufiger den Gottesdienst besucht, wird in der Eingangsliturgie eine auffällige Beobachtung machen. Da heißt es einmal: „Ehre sei Gott in der Höhe und den Menschen ein Wohlgefallen", ein anderes Mal „... bei den Menschen seines Wohlgefallens." Diese Differenz geht nicht zurück auf die persönliche Vorliebe der Pfarrerin oder auf verschiedene Übersetzungen, sondern hat ihren Grund in der Textüberlieferung selbst. Wir stehen vor der Situation, dass wir nicht den „Urtext" haben, sondern über eine Vielzahl antiker und mittelalterlicher Texte verfügen, die im Detail z. T. voneinander abweichen. Die Textkritik versucht mit der Methode der allgemeinen Philologie die vermutete ursprüngliche Fassung – d. h. in diesem Fall in der Regel die Fassung, die bei der Kanonisierung vorlag – zu rekonstruieren. Dabei lässt sich zwar keine absolute Sicherheit, wohl aber ein hoher Grad an Wahrscheinlichkeit erreichen. Gründe für abweichende Textfassungen können bewusster oder unbewusster Natur sein. So wurden bis zur Erfindung des Buchdrucks Texte durch Abschreiben kopiert. Dabei schleichen sich oft selbst bei genauester Kontrolle Fehler ein, die dann weitergetragen werden. Dazu kommt, dass viele Texte in einem schlechten äußeren Zustand sind. Zu den beabsichtigten Veränderungen gehören sachliche oder dogmatische vermeintliche „Verbesserungen" einiger für die Überlieferer schwer verstehbarer oder anstößiger Texte.

Literarkritik

Ist diese Aufgabe erledigt, ergibt sich mitunter ein immer noch unbefriedigendes Bild. Liest man z. B. die Sintfluterzählung Gen 6–9, fällt auch dem ungeübten Leser auf, dass es hier von Widersprüchen und Doppelungen nur so wimmelt. Diesem Befund, der in vielen Texten zu beobachten ist, wendet sich die Literarkritik zu. Zunächst geht es um die Wahrnehmung von Doppelungen, Widersprüchen und Brüchen. Ist der Befund positiv, stellt sich die Frage nach der Entstehungsgeschichte der Texte. Im Fall von Gen 6–9 geht man allgemein davon aus, dass der uns heute vorliegende Text aus verschiedenen Quellen durch einen Dritten, einen Redaktor, zusammengefügt worden ist. Dass dabei kein glatter Text entstanden ist, spricht nicht gegen diese Vermutung. Man muss an dieser Stelle die Geisteswelt des Alten Orients berücksichtigen. Wo wir heute analytisch an ein Problem herangehen, dachten die Menschen des Alten Orients synthetisch. Die ganze Wahrheit einer Sache ergab sich erst durch die Einbeziehung möglichst vieler Fakten bzw. Sichtweisen, auch wenn am Ende nach unserem Verständnis Widersprüchliches zusammenkommt. Darüber hinaus kennt der Alte Orient nicht die Idee des geistigen Eigentums, sodass die Verwendung älterer Überlieferungen in einem eigenen neuen Zusammenhang kein Problem darstellte.

Überlieferungs-kritik

Nun lassen sich so nicht alle Probleme lösen. Versucht man zum Beispiel den Text Gen 32,23–32, der viele Merkwürdigkeiten enthält, unter literarkritischen Gesichtspunkten zu verstehen, stößt man schnell an eine Grenze. Egal, welchen Aspekt man literarkritisch auszuscheiden versucht, es bleibt immer ein Torso übrig, und am Ende ist die Unklarheit größer als vorher. An dieser Stelle kommt die Frage nach der mündlichen Überlieferung ins Spiel. Wir können davon ausgehen, dass im Alten Orient vieles zunächst mündlich überliefert wurde – und das über einen langen Zeitraum von durchaus mehreren Jahrhunderten. Dabei waren solche mündlichen Überlieferungen nicht den Veränderungen unterworfen, die wir für heutige Verhältnisse beobachten können. In einer Kultur, die weniger schrieb als erzählte, kommt der mündlichen Tradition ein großes Gewicht zu. Geht man unter diesem Gesichtspunkt an Gen 32,23–32 heran, wird die Erzählung transparent. So lässt sich gut erkennen, wie aus einer vermutlich vorisraelitischen Sage von der Gefährlichkeit der Flussüberquerung eine israelitische Geschichte vom Kampf des Erzvaters Jakob mit seinem Gott geworden ist – anders ist das Gottesbild, wonach der Gott des AT als mehr oder weniger erfolgreicher Ringkämpfer auftritt, kaum zu erklären. Die Überlieferungskritik berücksichtigt auch die Tatsache der Aufnahme altorientalischen Gedankenguts in die israelitische Geschichte und Religion sowie die Tatsache, dass einige Überlieferungen von Natur aus zunächst mündlicher Natur waren, wie etwa einzelne Weisheitssprüche oder die ursprünglichen Worte der Propheten.

Formkritik

Die bisherigen Arbeitsschritte dienten der Nachzeichnung der Entstehungsgeschichte eines Texts von einer möglichen mündlichen Tradition hin zur heutigen Endgestalt. Die Formkritik hingegen betrachtet den Endtext – und ggf. seine festgestellten Vorstufen – als Ganzes. Sie beruht auf der Beobachtung, dass Form und Inhalt eines Textes in der Regel korrespondieren, dass also eine bestimmte Form einen bestimmten Inhalt transportiert. Ein klassisches Beispiel aus unserer Zeit ist die Todesanzeige in der Tageszeitung. Der Inhalt versteht sich angesichts der klaren Form von selbst. Ähnlich ist es z. B. beim Märchen: Erzählungen, die mit „Es war einmal …" beginnen und von unbestimmten Personen handeln, die weder Ort noch Zeit konkret benennen, wird niemand für einen historischen Bericht halten, sondern für das, was sie wirklich sind – Märchen, die unterhalten wollen und für eine bestimmte Moral werben. Der „Sitz im Leben" ist hier also eindeutig und ergibt sich aus Form und Inhalt.

Für die Welt des AT ist der Formzwang eher noch größer als bei der Gegenwartsliteratur. Psalmen, Weisheitssprüche, Gerichtsworte der Propheten, aber auch die Erzählungen der Genesis folgen bestimmten formalen Regeln, die Rückschlüsse auf ihre Verwendung und damit ihre sachgerechte Interpretation zulassen.

Besonders deutlich wird der Sachverhalt da, wo außerbiblische Quellen dem selben Formzwang folgen wie die biblischen Texte. So folgt ein Rechtssatz wie z. B. Ex 22,4 exakt der Form des Codex Hammurabi, der wohl wichtigsten Rechtssammlung des Alten Orients aus dem 17. Jh. v. Chr. in Babylonien. Form und Inhalt zeigen deutlich den Sitz im Leben. Es geht um allgemeine Rechtsprechung ohne spezifisch religiösen Hintergrund. Gleichzeitig erlaubt der Inhalt Rückschlüsse auf die Entstehungszeit und den sozialgeschichtlichen Hintergrund der damaligen Gesellschaft.

Eindrucksvoll ist der Beitrag der Formgeschichte bei den Erzeltern-Erzählungen in Gen 12–36. Aufgrund bestimmter sich wiederholender Merkmale sind sie mehrheitlich als ätiologische Sagen (aitios [griech.] = Grund, Ursache) zu kennzeichnen. Viele von ihnen enden mit der Bemerkung „... deshalb ist das so bis auf den heutigen Tag." Diese Geschichten wollen von sich aus also nicht als historische Tatsachenberichte gelesen werden. Es geht vielmehr um die Erklärung bestimmter Gegebenheiten oder Bräuche der Zeit des Erzählers. Wohl haben sie einen – oft verborgenen – historischen Kern; es wäre aber verfehlt, die einzelnen Erzählzüge historisch ausdeuten zu wollen.

Traditionskritik

Dass die Bibel sich selbst auslegt (so eine Bemerkung Martin Luthers) wird in keinem Arbeitsschritt so deutlich wie in der Traditionskritik. Häufig ist zu beobachten, dass die Verfasser geprägte Redewendungen bis hin zu komplexen geprägten Vorstellungen zitieren und in den Dienst ihrer eigenen Aussage stellen. Ein schönes Beispiel ist die theologische Einleitung des Dekalogs (= 10 Gebote, griech.: deka = 10, logos = Wort) in Ex 20,2. Gott stellt sich vor als derjenige, „... der ich dich aus Ägyptenland, aus der Knechtschaft, geführt habe." Für jeden Israeliten, der das las, war sofort klar, was damit gemeint war: Es geht um die große Rettungstat Gottes an seinem Volk, die Befreiung von der Sklaverei in Ägypten. Dieses Ereignis wird historisch wie theologisch zur Geburtsstunde Israels und begründet das besondere Gottesverhältnis Israels. Wenn im Dekalog darauf Bezug genommen wird, dann ist den ursprünglichen Lesern sofort bewusst, dass die folgenden Gebote weniger Forderung Gottes gegen sein Volk sind, sondern eher eine natürliche Folge dieser grundlegenden Tat. Wer Gott in dieser Weise als Befreier empfunden hat wird – automatisch – keinen anderen Gott haben, den Namen Gottes nicht missbrauchen, nicht töten usw. Die Traditionsgeschichte bemüht sich darum, solche Traditionen in den Texten aufzuspüren, ihren Ursprung zu bestimmen und ihre Funktion im vorliegenden Textzusammenhang deutlich zu machen. Das gilt innerhalb der atl. Literatur, die immerhin einen Zeitraum von ca. 1000 Jahren umfasst, dann aber natürlich auch für den Zusammenhang von AT und NT.

Redaktionskritik

Der letzte Arbeitsschritt der klassischen Exegese, die Redaktionskritik, ist das synthetische Gegenstück zur analytischen Literarkritik. Dort ging es darum, offensichtliche Widersprüche, Brüche oder Doppelungen herauszuarbeiten. Die Redaktionskritik geht den umgekehrten Weg: Sie nimmt das Ergebnis der Literarkritik – und ggf. der Überlieferungskritik – auf und beschreibt die Entwicklung des Texts bis hin zur vorliegenden Endgestalt. Dabei bleibt es aber nicht bei der reinen Beschreibung des Redaktionsvorgangs, sondern es geht darum, die Veränderungen der Aussageabsicht und den jeweiligen historischen Ort der Redaktoren deutlich werden zu lassen. So sehen wir z. B. heute, dass die Prophetenbücher in aller Regel über einen Zeitraum von mehreren hundert Jahren gewachsen sind. Fragte man früher allein nach der ursprünglichen Botschaft des prophetischen Individuums, so ist heute das Buch als Ganzes – in der Form, wie wir es vorliegen haben – von besonderem Interesse. Worum es geht, kann man z. B. am Amosbuch und seinen verschiedenen Wachstumsstufen gut erkennen. Amos war als Prophet mit einer unbedingten Gerichtsbotschaft um das Jahr 760 v. Chr. ursprünglich in das Nordreich Israel gesandt worden. Als das Buch dann nach dem Untergang Israels nach Juda kam, wurde es von dortigen Theologen überarbeitet und auf die Situation in Juda hin aktualisiert. Man könnte sagen, es wurde ausgelegt, ein Vorgang, der in jeder Predigt ähnlich geschieht, nur dass wir die Bibel nicht fortschreiben. In der Zeit des Exils im 6. Jh. v. Chr. tragen Spätere, die sogenannten Deuteronomisten, ihre theologischen Gedanken ein, indem sie aus der ursprünglichen unbedingten Gerichtsansage des Amos eine Umkehrpredigt machen – für die Zeit des 6. Jh. theologisch überlebensnotwendig. Die Redaktionskritik versucht das nachzuzeichnen und die verschiedenen Aussagehorizonte herauszuarbeiten.

Gesamtinterpretation

Am Ende der exegetischen Einzelschritte steht die Gesamtinterpretation eines Textabschnitts. Dabei werden die Ergebnisse der einzelnen Arbeitsschritte zusammengefasst und zueinander in Beziehung gesetzt, sodass sich ein Gesamtbild der Entstehungsgeschichte des Texts ergibt. Gleichzeitig geht es um seine zentralen theologischen Aussagen im Kontext seines historischen Horizontes. Der Ausleger wird hier also quasi zum Anwalt des Texts bzw. der hinter ihm stehenden Überlieferer, Tradenten, Verfasser, Redaktoren etc. Damit ist aber zugleich die Grenze der historisch-kritischen Methode beschrieben, die vor allem im 20. Jh. zu anhaltender Kritik und zu Modifizierungen geführt hat. Diese Methode wird einen Text eben immer nur in seinem historischen Kontext auslegen können. Damit ist der wissenschaftlichen Neugierde und Redlichkeit zugleich Genüge getan; ob und wie der Text aber in unsere Gegenwart hinein spricht und wie sich Überlieferung und Gegenwart zueinander verhalten, ist damit noch nicht gesagt, kurz: die eigentliche theologische Arbeit beginnt jetzt erst.

2. Erweiterte Fragestellungen

veränderte Fragerichtung

Teils aus dem eben beschriebenen Mangel der historisch-kritischen Methode, teils aus veränderten gesellschaftlichen Bedingungen unserer Zeit heraus haben sich in der zweiten Hälfte des 20. Jh. alternative Zugangs- bzw. Frageweisen zu den biblischen Texten ergeben, die kurz skizziert werden sollen. Allen neueren Fragestellungen geht es weniger um die historische Dimension, sondern um ein gesellschaftlich-ideologisches Gegenwartsproblem. Auch wenn bisweilen behauptet wird, diese Fragestellungen wollten nicht alternativ, sondern komplementär zur historisch-kritischen Methode verstanden sein, so war doch in ihren Anfängen an einen Ersatz dieser Methode gedacht. Mit einigem Abstand und der Weiterentwicklung dieser Fragestellungen ist heute eher daran zu denken, sie in die historisch-kritische Exegese zu integrieren bzw. deren Fragerichtung zu flankieren, um so zu einem der Gegenwart adäquaten Ergebnis zu gelangen.

Methodik

Anders als bei der historisch-kritischen Exegese, die sich verschiedener historischer und philologischer Methoden bedient, steht bei den alternativen Zugangsweisen eine bestimmte Fragestellung im Vordergrund. Eine spezielle Methodik ist nicht immer klar auszumachen. Hinzu kommt die besondere Interessenlage der Forscher. Einerseits geht es darum, in den biblischen Texten eine neue, bis dahin nicht (genügend) beachtete Dimension wahrzunehmen. Andererseits zielen diese neuen Zugangswege aber auch auf eine aus diesen Beobachtungen geforderte Veränderung von Kirche und Gesellschaft.

sozialgeschichtliche Exegese

Das zeigt sich besonders deutlich an der ältesten dieser neuen Fragestellungen, der sozialgeschichtlichen Exegese, deren Hintergrund die vor allem in Lateinamerika entstandene Befreiungstheologie bildet. Einerseits wird versucht, die gesellschaftlichen, sozialen und ökonomischen Hintergründe der biblischen Texte zu erhellen, um so zu einem realistischen Bild der damaligen Lebensverhältnisse zu gelangen, was wiederum dem Verstehen der biblischen Aussagen hilft. Andererseits zielt die Fragestellung aber bei vielen ihrer Vertreter auf verändertes soziales und politisches Verhalten in der Gegenwart. Wie bei allen exegetischen Arbeitsweisen liegt auch hier die Gefahr darin, dass die Art der Fragestellung das Ergebnis mit beeinflusst (der sogenannte „hermeneutische Zirkel" (Hermeneutik: griech. = Lehre vom Verstehen).

feministische Exegese

Das gilt auch für die feministische Exegese. Über Jahrhunderte hinweg waren Kirche und Theologie männlich dominiert. Das hatte auch Auswirkungen darauf, wie biblische Texte rezipiert und Kirchen organisiert wurden. Seit den 1970er-Jahren wurden in der Folge der feministischen Bewegung vor allem in Westeuropa und Nordamerika deren Anliegen in die Kirche und damit auch in die Bibelauslegung getragen. Auch hier galt es zunächst, die Rolle von Frauen in biblischen Texten (genauer) wahrzunehmen und exegetisch-theologisch zu berücksichtigen. Darüber hinaus wurden weibliche Elemente überhaupt deutlicher herausgestellt. Dadurch ergab sich ein anderer Blick auch auf die alttestamentliche Religion, besonders deutlich etwa beim Gottesbild. Bei vielen Vertreterinnen dieser Richtung stand und steht eine Veränderung des gesellschaftlichen Bewusstseins – z. T. mit einem Fokus auf die Kirche –, der Rollenbilder und des Rollenverhaltens im Zentrum des Interesses.

tiefenpsychologische Exegese

Nach vereinzelten Versuchen im 20. Jh. hat vor allem der Theologe und Psychotherapeut Eugen Drewermann in den 1980er-Jahren versucht, eine tiefenpsychologisch begründete Auslegung biblischer Texte zu etablieren. Drewermann stützt sich dabei (fast ausschließlich) auf die Thesen des Psychoanalytikers C.G. Jung. Bei ihm spielt das kollektive Unterbewusste in Form der sogenannten Archetypen eine zentrale Rolle. Danach gibt es gewisse unterbewusste Grundkonstanten, die für Menschen zu allen Zeiten und an allen Orten bestimmend sind. Diese sieht Drewermann auch in den biblischen Texten gegenwärtig. Seine Bibelauslegung bringt zum Teil faszinierende Ergebnisse, die vor allem im Bereich von Predigt und Seelsorge eine Rolle spielen können. Allerdings bleibt der geschichtliche Horizont völlig unberücksichtigt, was angesichts des Jungschen Modells auch nicht anders zu erwarten ist. Ob man damit vor allem alttestamentlichen Texten mit ihrer ausdrücklichen Geschichtsbezogenheit gerecht wird, ist zu bezweifeln. Außerdem bleibt der spezifisch religiöse Gehalt der Texte oft blass. Inzwischen ist man aber auch hier weitergekommen. So werden die Ergebnisse der traditionellen Exegese stärker berücksichtigt. Auch die einseitige Ausrichtung an C.G. Jung hat sich nicht durchgesetzt, sodass die (tiefen-)psychologische Exegese heute im Dialog mit der historisch-kritischen Exegese interessante Aspekte der biblischen Texte zur Sprache bringt. Was sie nicht leisten kann, ist ein Psychogramm der biblischen Personen zu erstellen. Die biblischen Autoren waren – sofern sie überhaupt historisch verwertbare Informationen liefern – am Seelenleben ihrer Figuren nicht interessiert.

Als Ergebnis der neueren Forschung bleibt festzuhalten, dass die historisch-kritische Exegese in der Lage ist, neue Fragestellungen zu integrieren. Wo das gelingt, führt es in der Regel zu einer erweiterten Sicht und zu einem tieferen Verständnis der biblischen Überlieferung und erhöht ihre Sprachfähigkeit in unserer Gegenwart.

3. *Alternative Zugangswege*

Anders als bei den eben skizzierten Fragestellungen handelt es sich hier um Alternativen zur historisch-kritischen Exegese, die sich in diese nicht integrieren lassen. Ihnen ist gemeinsam ein zunehmendes Unbehagen gegenüber der historisch-kritischen Exegese, die in ihren Auswüchsen ja tatsächlich manchmal zu einer Atomisierung der Texte geführt hat, welche deren inneren

Zusammenhang und theologischen Gehalt eher verdunkelt als erhellt.

sprachwissenschaftlicher Zugang

Zu nennen ist hier zunächst die literaturwissenschaftliche bzw. linguistische Exegese. Dieser Zugang will die biblischen Texte mit den Methoden der modernen Sprachwissenschaft untersuchen. Arbeiten aus dieser Schule sind oft sehr umfangreich und für den in diesem Wissenschaftszweig Ungeübten schwer zu lesen. Die Ergebnisse sind gemessen am Aufwand oft relativ schmal. Insgesamt kann man fragen, ob Texte, die in einem völlig anderen sozio-kulturellen und sprachlichen Umfeld entstanden sind, mit Methoden angemessen erfasst werden können, die für neuzeitliche Texte in modernen, westlichen Sprachen entwickelt wurden.

synchrone Zugangswege

Auch die letzte hier zu nennende Gruppe von neuen Auslegungsmethoden versucht, die biblischen Texte als Einheit wahrzunehmen und zu verstehen. Es geht um Begriffe wie holistische Exegese, synchrone Exegese, „close reading" oder auch „canonical approach". Auch wenn sich diese Methoden im Detail unterscheiden, so sind sie sich darin einig, dass wir den biblischen Text heute in eben der vorliegenden Gestalt vor uns haben und dass uns genau dieser Textbestand zu interessieren hat. Auch wenn der dahinter stehende Wachstumsprozess nicht unbedingt geleugnet wird, so wird ihm aber eine Bedeutung für heutiges Verstehen weitgehend abgesprochen. Richtig an dieser Sichtweise ist, dass die Endgestalt der Texte in ihrem kanonischen Zusammenhang einen Sinn hat und die Texte in eben dieser Endgestalt nicht Zufallsprodukte sind, sondern in dieser Form auf bewusste Gestaltung zurückgehen – die historisch-kritische Exegese hat das oft vernachlässigt. Allerdings lässt sich nicht jeder Bruch und jeder Widerspruch auf diesem Weg erklären bzw. aushalten. So muss auch ein ganzheitlicher Zugangsweg an einigen Stellen Kompromisse machen oder aber bestimmte Probleme in den Texten ausblenden. Es bleibt zu wünschen, dass sich die eher diachrone historisch-kritische Exegese und die synchrone Betrachtungsweise einander annähern, um die biblische Überlieferung in all ihren Facetten für jede neue Epoche theologisch fruchtbar zu machen.

Fragen:

Fragen

1. Was nötigt zur wissenschaftlichen Beschäftigung mit dem Alten Testament?
2. Können Sie Vorzüge und Nachteile der historisch-kritischen Exegese benennen?
3. Welche Alternativen zur historisch-kritischen Exegese gibt es; welches sind deren Vorzüge und Probleme?

1.3 Welt und Umwelt des Alten Testaments

1. Das Land „Israel"

geografische Ausdehnung Israels

Auf der Landkarte des Vorderen Orients nimmt Israel nur wenig Raum ein. Es bildet gemeinsam mit dem im Norden anschließenden Syrien bzw. den Aramäerstaaten der Antike eine relativ schmale Landbrücke zwischen Ägypten im Süden und dem Reich der Hethiter im Norden (Anatolien) bzw. den Reichen Mesopotamiens (griech.: mesos = Mitte, potamos = Strom, gemeint sind Euphrat und Tigris) im Nordosten. Es ist somit Teil des sog. fruchtbaren Halbmondes, einem sichelförmigen zusammenhängenden Gebiet diesseits der großen Wüsten. Begrenzt wird das Land nach Westen hin durch das Mittelmeer, das hier allerdings kaum Möglichkeiten für natürliche Häfen bietet. Nach Osten ist das Land begrenzt durch den tiefen Einschnitt des Jordangrabens, einer Fortsetzung des afrikanischen Grabenbruchs. Auch wenn im 1. Jahrtausend v. Chr. einzelne israelitische Stämme auf der ostjordanischen Hochebene lebten, so bildet der Jordan doch die wesentliche Grenze. In der Nord-Süd-Erstreckung nennt das AT die Städte Dan im Norden und Beerseba im Süden als Grenzpunkte. Damit dürfte für eine längere Periode der Geschichte Israels die Ausdehnung richtig beschrieben sein.

Infrastruktur und Topografie

Dieses so beschriebene Gebiet war für die vorderorientalischen Großmächte nur strategisch, kaum aber wirtschaftlich oder kulturell interessant. Zwei große antike Handels- und Militärstraßen führen an seinen Rändern entlang. Die Straße am Meer (via maris) führt von Ägypten kommend durch die Küstenebene, überquert bei Megiddo das Karmelgebirge und geht weiter über Damaskus und Palmyra ins Zweistromland. Auf der anderen Seite führt der „Königsweg" ebenfalls von Ägypten kommend über Kadesch an der äußersten Südgrenze auf die ostjordanische Hochebene und von dort ebenfalls weiter über Damaskus und Palmyra nach Mesopotamien. Das israelitische Kernland wird von beiden großen Wegen nicht berührt; lediglich Stichstraßen führen von der via maris ins israelitische Bergland. Dieses Bergland steigt von der Küstenebene kommend langsam an und fällt zum Jordangraben nach Osten steil ab. Die wesentlichen Siedlungsgebiete Israels und seine lokalen Zentren wie etwa Sichem, Bethel oder Silo liegen im Bergland, das in vorisraelitischer Zeit eher dünn besiedelt war. Die wenigen fruchtbaren Ebenen um Betschean, Jericho oder Jesreel sowie die Küstenebene waren zunächst von anderen Völkern besiedelt, ebenso wie die spätere Hauptstadt Jerusalem, die vorisraelitisch keine besondere Rolle spielte.

Wirtschaft

Das Land mit seinen Verkehrswegen war für die Großmächte, vor allem Ägypten, als Aufmarschgebiet und als Pufferzone interessant. Wirtschaftlich aber spielte es keine besondere Rolle. Bodenschätze fehlen, und abgesehen von den Ebenen war die Landwirtschaft nicht sonderlich ertragreich. Vor allem Getreide, Wein und Öl werden erwirtschaftet. Zum Teil musste dazu das Bergland gerodet und terrassiert werden, um genügend Fläche für die Ernährung der Bevölkerung zu erhalten. Dazu kommt die Abhängigkeit vom Regen, der sich von Westen kommend an den Steigungen abregnet und das Bergland deutlich weniger versorgt. Wenn im AT öfter vom „Land wo Milch und Honig fließen" die Rede ist, so ist das die Perspektive von Nomaden oder Halbnomaden, die am Rande des Kulturlandes oder in den angrenzenden Wüstengebieten leben – für die Ägypter oder die Bewohner Mesopotamiens stellte sich das anders dar. Da mit dem Handel in der Regel auch der Kulturaustausch betrieben wird, müssen wir davon ausgehen, dass auch hier kein so intensiver Austausch stattfand wie etwa zwischen den Großreichen, wenngleich man auf der anderen Seite diesen Austausch auch nicht völlig leugnen kann.

2. Kanaan – Israel – Juda – Palästina

In der alttestamentlichen Literatur zeigt sich hinsichtlich der Bezeichnung des Landes eine gewisse Uneinheitlichkeit. Dieses Problem zieht sich bis in die Sekundärliteratur hinein fort, sodass es nötig ist, die Begrifflichkeit grundsätzlich zu klären. Hinzu kommt, dass das Problem der unterschiedlichen Bezeichnungen bis in die Gegenwart von politischer Bedeutung bzw. Brisanz ist. In der ungeklärten Situation zwischen Israel und den Palästinensern macht es einen erheblichen Unterschied, wie man welchen Teil des Landes gerade benennt. Da dieses Problem – zumindest sprachlich – seine Ursachen im alttestamentlichen Text hat, sei kurz darauf eingegangen.

Kanaan

Kanaan beschreibt in den Quellen einen Landstrich zwischen dem Mittelmeer und dem Jordangraben. Nach Süden hin wird er durch Ägypten begrenzt, seine nördliche Ausdehnung reicht etwa bis Byblos. Dieses Gebiet gehörte im 2. Jahrtausend v. Chr. in die ägyptische Einflusssphäre. Im AT wird mit Kanaan das Land bezeichnet, das die Israeliten später besiedeln. Wichtiger wird die Benennung der alteingesessenen Bevölkerung als Kanaanäer. Dabei handelt es sich mehr um einen Sammelbegriff für all diejenigen Menschen, die weiter im Lande wohnen und nicht israelitischen Ursprungs sind; der Begriff wird auch ausgeweitet und bezieht u. a. die Phönizier mit ein. Vor allem im religiösen Bereich spielt die Abgrenzung gegenüber den Kanaanäern eine Rolle.

Israel

Äußerst wechselvoll ist der Gebrauch des Namens Israel. Erstmals taucht er auf einer Stele des ägyptischen Pharaos Merneptah im Jahr 1209 v. Chr. auf und bezeichnet eine Gruppe von Menschen – nicht etwa ein Land oder einen Staat. In der Richterzeit (1200–1000 v. Chr.) scheint Israel die Selbstbezeichnung eines Stämmeverbandes zu sein, der im Wesentlichen das Gebiet nördlich von Jerusalem bewohnt. Der Name geht mit dem Königtum über auf den jetzt entstehenden Staat. Nach der Auflösung der Personalunion und der Abtrennung Judas verbleibt der Name beim Nordreich. Nach dem Untergang 722 v. Chr. kann er auch für das Südreich Juda gebraucht werden, wird aber mehr für eine ideelle Größe als „Volk Israel" mit der Konnotation einer religiösen Gemeinschaft benutzt. In der persischen und späteren Zeit wird auch der Begriff Samaria für das Nordreich gebraucht. Samaria war lange die Hauptstadt des Nordens und taucht ntl. bei dem bis heute sprichwörtlichen Samariter (eigentlich: Samaritaner) auf.

Juda Juda ist zunächst der Name des größten Stammes des südlichen Teils des ehemaligen Kanaan. Vor der Zusammenführung unter David führt das südliche Königreich diesen Namen. Nach der Trennung nimmt es diesen Namen wieder an. Er überdauert die Geschichte des Königtums, und in nachexilischer Zeit gibt es eine vom Norden unabhängige Provinz „Jehud" im persischen Großreich. Jehud bzw. Juda oder Judäa existiert unter wechselnder Herrschaft und mit unterschiedlicher Ausdehnung bis in die römische Zeit. Nach der Niederschlagung des Bar-Kochba-Aufstands 135 n. Chr. benennen die Römer die Provinz um in Syrien-Palästina, sicher nicht ohne Kenntnis der israelitischen Geschichtsschreibung, in der die Philister zu den Feinden Israels schlechthin stilisiert wurden.

Der Name Juda lebt heute vor allem in der Bezeichnung der Juden fort und deutet die Schwierigkeit an, die darin steckt. Denn hier ist jeweils zu fragen, ob der ethnische oder der religiöse Aspekt im Vordergrund stehen. Wer heute diese Begriffe gebraucht, muss sich über die jeweils spezifische Verwendung klar werden. Das gilt auch für den nächsten Begriff.

Palästina Palästina bzw. Philistäa bezeichnet zunächst einen Landstrich an der südlichen Küste nördlich der ägyptischen Grenze, wo sich die Philister, ein Teil der sogenannten Seevölkerbewegung, im 12. Jh. v. Chr. mit mehr oder weniger erzwungener Duldung der Ägypter niedergelassen hatten. Nach anfänglich harten Auseinandersetzungen mit Israel spielen sie im weiteren Verlauf der gemeinsamen Geschichte keine größere Rolle mehr. Erst unter römischer Besatzung tritt der Name wieder in den Vordergrund. Die heutigen Palästinenser haben ethnologisch-geschichtlich mit den aus der Ägäis stammenden Philistern der Bibel bis auf den Namen nichts gemein.

3. Der Vordere Orient im 2. und 1. Jahrtausend v. Chr.

Als Israel auf der Weltbühne erscheint, ist die uns bekannte Geschichte des Vorderen Orients bereits mehrere hundert bis tausend Jahre alt. Dabei ist die religiöse (und politische) Bedeutung, die Israel in der Zukunft spielen wird, während des 1. Jahrtausends v. Chr. noch nicht zu erahnen. Aufgrund der geopolitischen Lage und der politischen, wirtschaftlichen und kulturellen Struktur der syro-phönizischen Landbrücke sind Kanaan und später Israel für die vorderorientalischen Großmächte nur von periphärer Bedeutung.

Ägypten

Die Machtzentren des Vorderen Orients finden sich im 2. Jahrtausend v. Chr. in Ägypten, Mesopotamien und im Hethiterreich. Das Verhältnis dieser Mächte zueinander bestimmt die Geschichte im Wesentlichen. Ägypten tritt Anfang des 3. Jahrtausends v. Chr. in das Rampenlicht durch die Zusammenführung von Ober- und Unterägypten. Das 3. Jahrtausend ist die klassische Epoche des Landes am Nil. In dieser Zeit entwickeln sich die Hieroglyphenschrift, eine differenzierte öffentliche Verwaltung und die Theologie, wobei der Aspekt der Weisheit (in Gestalt der Göttin Maat) eine besondere Rolle spielt. Es entstehen Monumentalbauten wie die Pyramiden, und die Schriftkultur erlebt eine Blüte, deren Zeugnisse bis heute Museumsbesucher und Forscher gleichermaßen beeindrucken. Auch wenn die Geschichte Ägyptens nicht einlinig verläuft und es immer wieder Krisenzeiten gegeben hat (die sog. Zwischenzeiten zwischen dem Alten, Mittleren und Neuen Reich), so hat sich die ägyptische Vorherrschaft im westlichen Teil des Vorderen Orients weitgehend behauptet. Erst während der sog. Spätzeit, dem 1. Jahrtausend v. Chr., ist sie deutlich abgeschwächt.

Dass Ägypten zu solch frühen und hohen Kulturleistungen fähig war, hat viel mit dem Klima und der Vegetation des Landes zu tun. Ägypten, das in der Antike und heute nur zu etwa vier Prozent der Gesamtfläche urbar ist, verdankt seinen Reichtum dem Nil. Die jährlichen Überschwemmungen machten das Land am Fluss sowie im Delta besonders fruchtbar.

Mesopotamien

Ähnlich begünstigt von der Natur war auch das Zweistromland, das sich allerdings politisch deutlich uneinheitlicher darstellt als Ägypten. Hier kämpfen teils Stadtstaaten, teils Territorialstaaten um die jeweilige Vorherrschaft. Nachdem im 3. Jahrtausend v. Chr. vor allem die Reiche von Sumer und Akkad im Vordergrund stehen, sind es im 2. und 1. Jahrtausend v. Chr. Assyrien im Norden und Babylonien im Süden. Beide Reiche wechseln sich in der Vorherrschaft ab. Der Norden ist fruchtbar durch ausreichend Regen, im Süden organisiert der Staat die Kanalbauwirtschaft, von der u. a. einschlägige Gesetze des Codex Hamurabi zeugen, eines der bedeutendsten Gesetzeswerke der Antike, mit dem Hamurabi, einer der berühmtesten Könige Babyloniens, das Recht in seinem neu entstehenden Großreich zu vereinheitlichen suchte. Spuren des Codex Hamurabi finden sich auch in den Gesetzeswerken des AT (Ex 21–23).

Nach einer wechselvollen Geschichte wird die babylonische Herrschaft 539 v. Chr. durch den persischen König Kyros beendet. Die Perser wiederum werden 333 v. Chr. (Schlacht bei Issos) von den Griechen in Gestalt Alexanders des Großen besiegt – das Zeitalter des Hellenismus beginnt.

Auch die Bewohner Mesopotamiens haben wie die Ägypter bereits im 3. Jahrtausend v. Chr. eine frühe Hochkultur entwickelt. Dazu gehört die sumerische Schrift, die in ihrer frühen Form dem Ägyptischen gleicht. Das spätere Akkadisch, eine Keilschrift mit Silbenzeichen, wird für lange Zeit im Vorderen Orient die maßgebliche internationale Sprache. Erst später wird sie durch das Aramäische verdrängt. Aramäisch hat gegenüber dem Akkadischen den entscheidenden Vorteil, dass es sich um eine Buchstabenschrift handelt; sie geht letzten Endes auf die Phönizier zurück. Auch in Mesopotamien entwickelt sich früh eine öffentliche Verwaltung und ein differenziertes religiöses System, das wie in Ägypten deutlich polytheistisch (Existenz mehrerer Götter und Göttinnen mit bestimmten „Ressorts") orientiert ist. Die Babylonier beschäftigen sich vor allem mit Zukunftsdeutung, besonders mit Sterndeutung (einer Mischung aus Astrologie und Astronomie), sodass der Begriff „Sterndeuter" zum Begriff für Babylonier schlechthin wird.

Hethiter

Das Reich der Hethiter in der heutigen Osttürkei, die im Gegensatz zu Ägyptern und den Bewohnern Mesopotamiens indogermanischen Ursprungs sind, hat seine Blütezeit im 2. Jahrtausend v. Chr. In dieser Epoche sind die Hethiter zeitweise Ägypten mindestens ebenbürtig. Rätselhaft ist das plötzliche Ende ihrer Herrschaft um 1200 v. Chr., das mit dem Auftreten der Seevölker (aus der Ägäis stammend) in Verbindung gebracht wird.

Zwischen Israel und dem Vorderen Orient hat es einen stärkeren Kulturaustausch gegeben, als man zunächst vermuten möchte. Viele biblische Überlieferungen sind von den religiösen Vorstellungen der Umwelt beeinflusst, allerdings nicht ohne in die spezifische Theologie Israels umgearbeitet worden zu sein. Das ging in der Forschungsgeschichte so weit, dass man die Umwelteinflüsse höher einschätzte als die Eigenleistung der israelitischen Theologie. Ausführlich diskutiert wurde das im sogenannten „Bibel-Babel-Streit" am Ende des 19. Jh. n. Chr. Nachdem unsere Kenntnis auch der Umwelt Israels heute besser ist als vor 100 Jahren, wird das Verhältnis von Israel und seiner Umwelt deutlich differenzierter gesehen.

Fragen:

Fragen

1. Verschaffen Sie sich anhand einer Landkarte (etwa aus der Bibel) einen Überblick über die Geografie Israels.
2. Welche Gedanken verbinden Sie mit den Begriffen Israel, Juda und Palästina?
3. Versuchen Sie, anhand einer Karte des Vorderen Orients die Situation dieser Region in der Antike und in der Gegenwart zu überblicken.

1.4 Geschichte Israels

1. Das Alte Testament als Geschichtsquelle

Geschichte und Religion

Das AT ist (k)ein Geschichtsbuch. Dieser Satz stimmt so und so, und er stimmt auch nicht. Zunächst einmal kann man feststellen, dass sich die Theologie Israels und hier besonders das Gottesbild und damit zusammenhängend das Bewusstsein für geschichtliche Prozesse weitgehend von den Glaubensvorstellungen der direkten Umwelt unterscheidet. So waren etwa die Götter Kanaans eng mit dem Jahreslauf der Natur, mit dem Wechsel der

Jahreszeiten, mit Saat, Ernte und Brache verbunden. Die religiösen Feste waren agrarisch geprägt, alles war auf die Wiederkehr des Gleichen abgestellt. Baal, der spätere Hauptgott, stirbt und ersteht mit dem Wechsel der Jahreszeiten. Als Israel in diese Kultur eintritt, übernimmt es zwar die bäuerlichen kanaanäischen Feste, verbindet sie aber mit Ereignissen aus der eigenen Geschichte. Grob könnte man sagen: Die Vorstellungen der Umwelt sind zyklisch angelegt, die Israels linear. Von Anfang an ist der Gott Israels einer, der sein Volk durch die Geschichte begleitet. Sein wesentliches Kennzeichen ist sein Handeln im Fortgang der Geschichte. Dazu passt, dass Israel auf Mythologie weitgehend verzichtet – dort wo sie in der Umwelt vorgefunden und aufgenommen wird, wird sie in einen geschichtlichen Prozess hinein umgearbeitet. So ergibt sich ein geschichtlicher Verlauf von der Schöpfung, die den Anfang der Geschichte Gottes mit den Menschen markiert, bis hin zu einem Ende, das wiederum Gott setzen wird. Gedanken wie ewiges Leben oder Himmelreich sind dem AT zunächst fern.

Konsequenterweise lesen sich weite Teile des AT darum wie eine Geschichtserzählung – beginnend mit der Genesis bis hin zum 2. Königebuch und weiter über Esra und Nehemia bis zur Chronik, was dem Selbstverständnis Israels entspricht. Dazu passt auch, dass die prophetische Überlieferung konsequent geschichtlich verankert wird.

Wahrheitsfrage

Fraglich ist nun, ob und wenn ja inwieweit die Geschichtsdarstellung des AT für die Rekonstruktion des tatsächlichen Geschichtsverlaufs herangezogen werden kann. Die Antwort darauf ist oft bestimmt von sehr persönlichen Faktoren. Vor allem in religiös konservativen Kreisen wird die Frage nach der „Wahrheit" der Bibel gerne mit der Frage nach der historischen Zuverlässigkeit der Texte verknüpft, bisweilen sogar in eins gesetzt. Die Frage „Ist das wahr?" wird verkürzt verstanden als Frage danach, ob etwas tatsächlich genau so passiert ist. Damit geht man aber am Selbstverständnis der Überlieferungen des alten Israel völlig vorbei. Wenn im AT Geschichte erzählt wird, geschieht das immer mit den Augen des glaubenden Betrachters – es ist immer gedeutete Geschichte. Dazu kommt, dass der gesamte

Vordere Orient ein anderes Wirklichkeitsverständnis hatte als wir es heute haben. Außerdem existierte Geschichtsschreibung im modernen Sinn noch nicht. Auch aus dem oben unter 1.2 Gesagten wird damit klar: Das AT ist als Geschichtsquelle durchaus ernst zu nehmen. Für weite Strecken der Geschichte Israels ist es sogar unsere einzige Quelle. Allerdings muss man die Texte in ihrer jeweiligen Eigenart ernst nehmen. Der historische Wert einer ätiologischen Sage etwa ist anders zu veranschlagen als der einer Listenüberlieferung, wie sie in die Königebücher eingebaut worden ist.

Quellen-beurteilung

Damit steht man vor einem weiteren Problem. Die wissenschaftliche Exegese ein und desselben Texts führt häufig zu unterschiedlichen Ergebnissen auch hinsichtlich der historischen Verwertbarkeit. Bei eher skeptischen Exegeten hat sich darum ein Trend zum Minimalismus durchgesetzt – den Texten wird nur eine sehr geringe historische Kompetenz zugeschrieben. Das umso weniger, je weiter man in die Früh- oder Vorgeschichte Israels kommt.

Nun darf man aber nicht übersehen, dass historische Urteile grundsätzlich nur Wahrscheinlichkeitsurteile sind. Bei der Auswertung von Quellen bleibt immer ein „Restrisiko", das je nach Textart und Alter der Quelle unterschiedlich ist und das man entsprechend einkalkulieren muss. Wenn man sich dessen bewusst ist und die Texte nicht überstrapaziert, den gewonnenen Ergebnissen nicht die Last absoluter Gültigkeit aufbürdet und Hypothesen als eben solche nutzt, spricht aus meiner Sicht nichts gegen den Versuch, aus den Texten und unter Hinzuziehung anderer Quellen ein Bild der Geschichte Israels zu entwickeln, das helfen kann, das AT besser zu verstehen – nicht mehr, aber auch nicht weniger.

2. Zum Verhältnis von biblischem Text, außerbiblischen Quellen und Archäologie

Archäologie

Sowohl von den erwähnten Skeptikern als auch von konservativen Kreisen wird gerne auf die Ergebnisse der Archäologie zurückgegriffen, entweder um die „Wahrheit" des biblischen Texts mit externen Mitteln (external evidence) zu beweisen oder um dessen Aussagen durch solche Ergebnisse zu ersetzen. Dass beides gleichermaßen möglich ist, sollte einen nachdenklich machen.

Methoden der biblischen Archäologie

Biblische Archäologie als eigene Disziplin gibt es seit etwas mehr als 150 Jahren. Dabei unterscheiden sich die Methoden nicht von denen der klassischen Archäologie, wohl aber das erkenntnisleitende Interesse. Denn hier war anders als dort die Bibel ein ständiger Begleiter und gab gewissermaßen die Aufgabe vor. Die Methodik hat sich analog zur klassischen Archäologie weiterentwickelt. Neben dem Survey, einer Begehung an der Oberfläche von auffälligen Formationen mit dem Ziel, Keramik- oder Münzfunde zu machen, gibt es die Grabung, wobei hier die Stratigrafie eine entscheidende Rolle spielt. In früheren Zeiten räumte man Siedlungsschicht für Siedlungsschicht von oben her ab und zerstörte sie dabei. Heute macht man zunächst Schnitte, um die einzelnen Schichten in ihrer historischen Abfolge aufzunehmen und zu klassifizieren.

Im Vergleich zu Mesopotamien oder Ägypten ist die archäologische Arbeit in Israel deutlich weniger ergiebig. Das liegt im Wesentlichen an der weniger ausgeprägten Kultur des antiken Israel. Es gibt hier kaum Monumentalbauten und nur sehr wenige schriftliche Hinterlassenschaften. Was zutage gefördert wird, sind in der Hauptsache Siedlungen mit ihren Einrichtungen wie Stadtmauern, Toranlagen und einfachen Heiligtümern. So lässt sich das soziale Leben einigermaßen gut rekonstruieren und illustrieren. Die Rekonstruktion der Geschichte hingegen bereitet größere Schwierigkeiten. Hier gibt es vor allem Streit um die Frage der Deutung einzelner Schichten sowie die genaue Interpretation des Objekts. Denn anders, als man sich das zunächst vorstellt, ist die Archäologie eher den Geisteswissenschaften als den Naturwissenschaften zuzurechnen. Alles, was in der Erde gefunden wird, bedarf der Interpretation. Ein bekanntes Beispiel sind die Ausgrabungen in Megiddo. Hier hatte man bei Gebäuderesten vermutet, es handele sich um die Pferdeställe, die König Salomo nach dem Bericht in 1 Kön 9,10ff. hatte bauen lassen. Später hat man diese Deutung vehement bestritten, die Gebäude später datiert und als Vorratshäuser interpretiert. Wirklich entschieden ist die Sache nicht. Ein ähnliches Beispiel bietet Jericho. Nach dem biblischen Bericht soll Jericho von den Israeliten bei der Landnahme (ca. 1200 v. Chr.) zerstört worden sein. Konservative Ausgräber fanden das bestätigt. Die entsprechende Ortslage wies tatsächlich Spuren einer gewaltsamen Zerstörung auf. Die berühmte englische Archäologin Kathleen Kenyon hat dann später die entsprechenden Zerstörungsschichten deutlich älter datiert – Jericho war demnach längst zerstört, als die Israeliten ins Land kamen.

Man sieht: Archäologische Zeugnisse sprechen nicht für sich, sondern bedürfen der Interpretation. Daran ändern auch die naturwissenschaftlichen Methoden wie etwa die C-14 Methode zur Datierung nichts, da sie in diesem Bereich zu ungenau sind. Es kommt darauf an, archäologische Erkenntnisse mit den exegetisch bearbeiteten biblischen Texten ins Gespräch zu bringen, ohne aus dogmatischen Gründen der einen oder anderen Seite grundsätzlich ein Prä einzuräumen.

außerbiblische Quellen

Das gilt ähnlich auch für außerbiblische Quellen, die für den Bereich Israel eher spärlich vorliegen. Ein Beispiel kann helfen, das Verhältnis von biblischem Text und außerbiblischer Quelle richtig zu bestimmen. 701 v. Chr. wird Jerusalem vom assyrischen Heer belagert. Ausnahmsweise liegen für dieses Ereignis sowohl ein biblischer Bericht (2 Kön 18–20; Jes 36–39) als auch eine assyrische Darstellung vor. Es handelt sich um den sog. Taylor-Zylinder, benannt nach seinem Entdecker. Der 6-seitige Tonzylinder befindet sich heute im Britischen Museum. Auf ihm findet sich eine assyrische Inschrift in akkadischer Keilschrift über die Belagerung Jerusalems. Der assyrische König Sanherib rühmt sich seiner Taten: Er habe den König Hiskija in Jerusalem eingeschlossen wie einen Vogel im Käfig und sei erst nach sehr hohen Tributzahlungen wieder abgezogen. Der biblische Bericht erzählt ebenfalls von der Belagerung und dem schließlichen Abzug der Assyrer – von Tributzahlungen ist hier nicht die Rede. Stattdessen wird der Abzug auf die Hilfe Gottes zurückgeführt, der die Assyrer mit einer schlimmen Krankheit geschlagen habe. Im Kern, der Belagerung Jerusalems, sind sich beide Quellen also einig, aber der Grund für den assyrischen Rückzug wird unterschiedlich angegeben. Auf den ersten Blick wird man der assyrischen Darstellung Glauben schenken. Immerhin handelt es sich um ein offizielles Dokument. Dagegen klingt die Darstellung Jesajas legendenhaft mit der rätselhaften Krankheit auf Gottes Einwirken hin. Kennt man jedoch die assyrische Kriegspraxis, fällt auf, dass die Assyrer Jerusalem nicht erobert haben, wie das sonst völlig normal gewesen wäre. Auch Tributzahlungen hätten sie im Normalfall nicht davon abgehalten. Die historische Wahrheit scheint also zwischen den beiden Quellen zu liegen. Offensichtlich konnten die Assyrer Jerusalem zu diesem Zeitpunkt nicht erobern. Dass die biblische Überlieferung die Rettung in höchster Not Gott zuschreibt, ist ein Zeugnis des Glaubens – historisch ist das nicht zu verifizieren. Aber auch richtig ist: Es gab Probleme im assyrischen Heer, die dazu führten, dass man mehr oder weniger unverrichteter Dinge wieder abzog. Wenn die assyrische Quelle das als einen Triumph darstellt und die Probleme verschweigt, so liegt das daran, dass auch dieser Text tendenziös ist – es handelt sich um eine öffentlich ausgestellte Votivgabe für den Tempel, und da wird der assyrische König seine Taten im entsprechenden Licht darstellen.

Was zeigt dieses Beispiel? Auch außerbiblische Quellen wollen historisch sauber interpretiert sein. Es besteht kein Anlass, ihnen ein Prä einzuräumen vor den biblischen Texten. Hier wie bei archäologischen Zeugnissen gilt, dass erst die sorgfältige Aufarbeitung der einzelnen Elemente sowie deren Zusammenspiel zu einem einigermaßen wahrscheinlichen Bild des Geschichtsverlaufs führen.

3. Probleme der Chronologie Israels

Datierungssystem

Beim aufmerksamen Lesen des biblischen Texts hat es den Anschein, als stelle die Chronologie der Ereignisse kein Problem dar. Das AT ist durchzogen von einem sorgfältig aufgespannten Netz von Datierungen, und noch heute lehnt sich die jüdische Zeitrechnung an dieses System an. Bei genauem Hinsehen ergeben sich jedoch nicht unerhebliche Probleme. Das die gesamten Erzähltexte umspannende Gerüst geht erst auf Autoren der Exils- und Nachexilszeit zurück (ab dem 6. Jh.v. Chr.) und wirkt mit seinen runden Angaben äußerst konstruiert. Anders sieht das für die Königszeit aus. Hier gibt es ältere Quellen, die in den Königebüchern verarbeitet wurden und die eine relativ exakte Datierung bieten. Allerdings handelt es sich um eine relative Chronologie – es wird festgehalten, wie lange ein König regiert hat und in welchem Regierungsjahr eines anderen Königs er an die Macht kam (vgl. z. B. 1 Kön 15,1). Diese relative Chronologie lässt sich aber mit Hilfe außerbiblischer Quellen, vor allem aus Mesopotamien, in eine absolute Chronologie und damit letztlich in unser Zeitschema umrechnen. Da vor allem die Babylonier exakte astronomische Beobachtungen festgehalten haben, ist dies – wenn auch mit entsprechendem Aufwand – möglich. Somit liegen für die Zeit ab etwa 1000 v. Chr. relativ verlässliche Zahlen vor.

Probleme der Datierung

Allerdings finden sich in der Sekundärliteratur dennoch leichte Abweichungen im Bereich von einigen Jahrzehnten. Endgültige Klarheit lässt sich hier wohl auch nicht herstellen. Dem stehen Probleme des altorientalischen Datierungssystems entgegen. So werden dort Anfangs- und Todesjahre der Könige voll gerechnet; es gab Regentschaften und unübersichtliche Verhältnisse bei gewaltsamen Umstürzen. Damit bleibt auf die Länge der Zeit gesehen eine gewisse Variationsbreite. Im Folgenden wird weitgehend auf das von Begrich und Jepsen erarbeitete chronologische Modell zurückgegriffen.

4. Geschichte Israels im Überblick

Quellen der Geschichte Israels

Das AT bietet in den Büchern Genesis bis 2 Kön und weiter in Esra und Nehemia eine fortlaufende Darstellung der Geschichte von der Schöpfung bis hin zum babylonischen Exil und später in die persische Periode. Nach dem oben Gesagten ist deutlich, dass die Darstellung konstruiert ist. Das gilt vor allem für den Pentateuch mit seiner Abfolge von Urgeschichte (Gen 1–11), den Erzelternerzählungen (Gen 12–36), der Josephsgeschichte (Gen 37–50) und schließlich der Erzählung vom Aufenthalt in Ägypten über den Exodus bis zur Eroberung des Ostjordanlandes (Ex bis Num). Was wie ein konsequenter Geschichtsverlauf anmutet, ist das Ergebnis einer langen Überlieferungs- und Literaturgeschichte. Die einzelnen Überlieferungen repräsentieren verschiedene Elemente ein und desselben Vorgangs, nämlich der Landnahme der Israeliten in unterschiedlichen Phasen der Geschichte und in unterschiedlichen Teilen des Landes.

Voraussetzungen

Dass sich die Geschichte teils als Familiengeschichte darstellt, ist für vorstaatliche und vorliterarische Gesellschaften nicht ungewöhnlich. Bei genauer Betrachtung wird in der Genesis der gesamte vorderorientalische Raum beschrieben, besiedelt durch mehr oder weniger nahe Verwandte der Erzeltern. Israel drückt damit seine ethnische Zugehörigkeit zur semitischen Bevölkerung des Vorderen Orients aus, was sachlich korrekt ist. Historisch und literarisch sichereren Boden betreten wir erst mit der Königszeit. Der folgende kurze Durchgang durch die Geschichte Israels setzt die Ergebnisse der wissenschaftlichen Exegese voraus, ohne das jeweils neu zu thematisieren.

Kanaan

Bei aller Verschiedenheit der biblischen Texte sind sich die Autoren in einem Punkt einig: Israel ist in Kanaan fremd; es gehört nicht zur autochthonen (griech.: selbst zum Land gehörenden) Bevölkerung. Über die Situation vor der Landnahme sind wir relativ gut informiert. Vom religiösen Leben geben die Texte aus Ugarit, einer Stadt weiter im Norden, Zypern gegenüber, Auskunft. Über die politischen Verhältnisse informieren die sogenannten Amarna-Briefe. Es handelt sich um die Korrespondenz zwischen dem ägyptischen Hof und den kanaanäischen Stadtstaaten um die Mitte des 14. Jh. v. Chr. zur Zeit des Pharaos Amenophis IV. (= Echnaton). Die Briefe sind auf etwa handflächengroße Tontafeln in akkadischer Keilschrift geschrieben. Aus ihnen ergibt sich folgendes Bild: Ägypten hat offiziell die Oberhoheit über die syro-phönizische Landbrücke. Im Land selbst existieren in den geografisch günstigen Lagen in den Ebenen und den besser zugänglichen Teilen der Bergregion einzelne kleinere Stadtstaaten mit einem Stadtfürsten an der Spitze. Einen Flächenstaat gibt es nicht. Zwar versuchen einzelne Fürsten, ihren Herrschaftsbereich auszuweiten, stoßen dabei aber schnell auf Widerstand. Die ägyptische Herrschaft ist eher locker; die Stadtfürsten sind in dieser Zeit im Wesentlichen auf sich selbst gestellt.

Habiru

Bemerkenswert ist die Erwähnung der Habiru (auch: Hapiru) in den Amarnabriefen. Die Stadtfürsten bitten den Pharao um Hilfe gegen diese von außen kommenden Elemente, die z. T. ihre Herrschaft bedrohen. Die etymologische Nähe zwischen Habiru und Hebräern (hebr.: Ivrim) ist evident. Haben wir hier also erste Spuren des späteren Israel vor uns? Interessant ist, dass diese Habiru im gesamten Vorderen Orient auftauchen. Es handelt sich bei ihnen nicht etwa um ein Volk, sondern um eine Gruppe von Menschen, die soziologisch zu klassifizieren ist. Die Habiru sind eine Art „Outlaws", Menschen, die aus dem sozialen Gefüge ihrer jeweiligen Gesellschaft – wohl meist aus wirtschaftlichen Gründen – herausgefallen sind. Das ist für die damalige Zeit, in der nur die Gemeinschaft Sicherheit und Schutz bietet, ein ernstes Problem. Die Habiru suchen nun andere Existenzmöglichkeiten. Sie verdingen sich als Lohnarbeiter oder auch als Söldner. Je nach Größe der Bewegung können sie dabei vor allem für kleinere Stadtstaaten existenzbedrohend werden. Wenn die Israeliten sich später auch als Hebräer bezeichnen, nehmen sie den Begriff auf und deuten an, dass die Existenz Israels zumindest teilweise mit den Habiru in Zusammenhang steht.

Landnahme

„Ein umherziehender Aramäer war mein Vater" (Dtn 26,5), so beschreibt Israel in einem alten Glaubensbekenntnis sein historisches Selbstbewusstsein und meint damit Jakob, der als Vater der zwölf Söhne (= zwölf Stämme) als Stammvater Israels gilt. Zweierlei ist daraus zu schließen: Israel weiß darum, dass es nicht zur autochthonen Bevölkerung gehört, sondern erst später in dieses Land gekommen ist. Und es sieht diese Besiedlung im Zuge einer vorderorientalischen Völkerwanderungsbewegung, der sogenannten aramäischen Wanderung in der 2. Hälfte des 2. Jahrtausends v. Chr. Zur Besiedlung Kanaans durch Israel haben sich in der Forschungsgeschichte verschiedene Theorien gebildet.

Eroberungsmodell Albrights

Nach dem Eroberungsmodell (conquest-Theorie), das vor allem im amerikanischen Bereich weite Zustimmung gefunden hat und von W.F. Albright entwickelt wurde, haben die israelitischen Stämme das Land im 13. Jh. v. Chr. kriegerisch erobert. Dabei bezieht sich Albright vor allem auf das Josuabuch mit seinen Kriegsgeschichten sowie die Zeugnisse der Archäologie. Allerdings gibt es gegen dieses Modell erhebliche Bedenken. Die archäologisch nachgewiesenen Zerstörungen biblischer Ortslagen werden gegenwärtig z. T. anders datiert. Für die Zerstörungen mit anschließendem Kulturabbruch bzw. -einbruch können andere Gruppen (Ägypten, Philister, Kannaan) verantwortlich sein, dazu kommen mögliche natürliche Ursachen wie Feuer. Die Texte des Josuabuches werden von Albright und seinen Nachfolgern nicht ausreichend wissenschaftlich ausgelegt. So finden sich gerade hier viele ätiologische Sagen. Und schließlich beschreiben die Eroberungsgeschichten nur einen relativ engen geografischen Raum, in etwa das Gebiet des späteren Stammes Benjamin.

territorialgeschichtliches Modell von Alt und Noth

Weitaus stärker hat das territorialgeschichtliche Modell von A. Alt und M. Noth gewirkt. Alt geht davon aus, dass die Israeliten – etwa in Sippengröße, die Stämme bilden sich erst später – als Halbnomaden im Zuge des Weidewechsels langsam in das Land eingesickert sind. Die Siedlungsgeschichte des Landes bietet dafür einen guten Anhalt. Die kanaanäischen Stadtstaaten fanden sich konzentriert im Norden von der Küste (Akko) durch die Jesreelebene bis Betschean und im Süden von Aschdod über die Schefela bis hinauf nach Jerusalem, sodass sich etwa zwei Querriegel von befestigten Städten bilden. Das Land dazwischen war dünn besiedelt. In diesen Gegenden lassen sich zwischen dem 14. und 12. Jh. v. Chr. fremde Elemente nieder und gründen einfache Siedlungen. Es entsteht ein im Wesentlichen friedliches Nebeneinander zwischen kanaanäischen Städten und israelitischer Landbevölkerung. Das ist das Bild, wie es etwa die Geschichten der Genesis zeigen und wie es als halbnomadisches Leben bis ins 19. Jh. n. Chr. beobachtet werden konnte. Das Bild wird z. T. bestätigt durch die Archäologie, die für diese Periode entsprechende Neuansiedlungen mit deutlich einfacherer Kultur als in den kanaanäischen Städten feststellen kann.

Revolutionsmodell von Mendenhall und Gottwald

Auf G.E. Mendenhall und N.K. Gottwald geht das Revolutionsmodell zurück. Hier spielen vor allem Theoriebildungen aus den Humanwissenschaften eine Rolle. Anders als in den beiden vorgenannten Modellen kommt Israel hier nicht von außen. Seine Entstehung verdankt es danach einer Aufstandsbewegung verarmter kanaanäischer Schichten, die durch den stärker werdenden Gegensatz zwischen Land- und Stadtbevölkerung verursacht wird. Ausgelöst wird die Revolte durch das Eintreffen einer aus Ägypten geflohenen Gruppe, die den Gott Jahwe auf ihrer Flucht kennengelernt hat. Die Habiru lassen sich in dieses Modell ohne Weiteres integrieren. Allerdings steht der biblische Text fast durchgehend dagegen. Denn hier ist stets die Rede davon, dass Israel eben gerade nicht kanaanäischen Ursprungs ist, und von den beschriebenen Konflikten ist ebenfalls keine Rede.

Evolutionsmodelle von Lemche

Eine Variante dieses Modells ist das von N.P. Lemche entwickelte Evolutionsmodell. Anders als Mendenhall, den Lemche stark kritisiert, sieht er eine friedliche Entwicklung innerhalb der kanaanäischen Bevölkerung, eine Sezession innerhalb der Stadtbevölkerung, bei der sich Menschen vor allem aus wirtschaftlichen Gründen aus den Städten aufmachen und neue Siedlungen im Lande gründen. Auch dieses Modell verzichtet auf die biblischen Texte als Quellen und benutzt fast ausschließlich die Archäologie und andere außerbiblische Befunde. Es unterliegt damit derselben Kritik wie das Revolutionsmodell, das Lemche ersetzen wollte.

Keines der vorgestellten Modelle kann gegenwärtig alleinige Geltung beanspruchen. Angesichts der Quellenlage und vor allem mit Blick auf die Geografie Kanaans, die eine einheitliche Entstehung Israels als eher unwahrscheinlich erscheinen lässt, war die Landnahme ein differenzierter Prozess, der für die unterschiedlichen Landesteile unterschiedlich verlief. Dabei kommt dem territorialgeschichtlichen Modell Alts eine gewisse Vorrangstellung zu. In den dünner besiedelten Teilen Galiläas, des zentralen Berglands sowie des Negev entstehen im 12. Jh. v. Chr. neue Siedlungen mit einfacher Kultur. Etwa gleichzeitig entstehen die ostjordanischen Staaten Ammon, Moab und Edom im Zuge einer Wanderungsbewegung aus dem Osten. Daneben muss aber auch – im geringeren Umfang – mit sozialen Verwerfungen innerhalb Kanaans gerechnet werden. Hier spielen die Habiru eine entscheidende Rolle, denn die alternative (Selbst-)Bezeichnung Hebräer für Israel kommt nicht von ungefähr. Auch der Stammesspruch über Issachar (Gen 49,14f.) deutet in diese Richtung.

Exodus

Besondere Beachtung verdient die sogenannte Ägyptengruppe. Aus verwertbaren Nachrichten des Exodusbuches sowie aus ägyptischen Quellen lässt sich relativ sicher rekonstruieren, dass es eine protoisraelitische Gruppe gegeben hat, die in Ägypten Zuflucht suchte und sich später dem ägyptischen Druck der Fronarbeit durch Flucht entzog. Für diese Ereignisse kommt die Regierungszeit von Ramses II. (Mitte 13. Jh. v. Chr.) in Frage. Diese Gruppe dürfte auch – unter Führung des Mose – für die Verbreitung des Jahweglaubens im späteren Israel verantwortlich sein. Die Auswertung einschlägiger Texte (Gen 4; Ex 18f.; Ri 5) legt nahe, dass diese Gruppe den Gott Jahwe im Gebiet Edom/Midian östlich des Golfes von Akaba kennengelernt hat. Jahwe wird von ihnen für die Rettung und Begleitung durch die Wüste verantwortlich gemacht. Diese Erfahrungen bringen diese Menschen in das Gebiet Kanaans mit, wo sie auf Elemente stoßen, die wie sie selbst fremd im Land sind. Zu dieser fremden Bevölkerung passt der fremde Gott, und so verbreitet sich der Jahweglaube unter den neuen Bevölkerungselementen, bis er im 10. Jh. v. Chr. zum Staatskult avanciert. Im Zuge dieser letzten Einwanderungswelle sind auch kriegerische Eroberungen denkbar, die jedoch im begrenzten Raum des späteren Stammes Benjamin stattgefunden haben.

Richterzeit

Auch für die Konsolidierungsphase nach der Landnahme, der sogenannten Richterzeit, ist man auf Hypothesen angewiesen. Das grundsätzliche Problem ist zu erklären, wie sich aus den eingewanderten heterogenen Bevölkerungselementen innerhalb von 200 Jahren eine so feste Größe bildete, die um 1000 v. Chr. einen Staat schuf. Am Anfang dieser Epoche steht die Stele des Pharaos Merenptah mit dem Bericht über einen Feldzug aus dem Jahr 1209 v. Chr., auf der Israel erstmalig inschriftlich erwähnt wird, und zwar als eine Gruppe von Menschen. Interessanterweise nennt sich diese Gruppe Israel – der Name setzt sich zusammen aus einer Verbalform unklarer Bedeutung sowie dem Namen des kanaanäischen Gottes El. Offensichtlich handelt es sich bei dieser Gruppe noch nicht um Jahweverehrer. Weiter muss man von der Landnahme herkommend annehmen, dass sich die Stämme erst im Kulturland aufgrund gemeinsamer Siedlungsgebiete gebildet haben. Diese Stämme führen dann weitgehend ein Eigenleben, wie die Geschichten des Richterbuches belegen. Dort wird stets von Einzelaktionen berichtet – mit Ausnahme der Deboraschlacht (Ri 4f.), auch wenn hier aus einer späteren Perspektive meist von „ganz Israel" die Rede ist.

Es stellt sich also die Frage nach dem einigenden Band. Man wird dafür zwei Elemente in Betracht ziehen müssen. Zunächst einmal ist es die gemeinsame Erfahrung des Fremdseins in Kanaan und das Gegenüber zu den Städten, was vor allem in den Geschichten der Genesis theologisch verarbeitet wird. Zum zweiten ist es der Jahweglaube, der ein starker Motor für ein wie auch immer geartetes Einheitsbewusstsein darstellte. Der Glaube an diesen Gott passt vorzüglich zu den Lebenserfahrungen seiner Verehrer. Denn auch dieser Gott ist fremd in Kanaan, und seine Verheißung besteht in Nachkommenschaft und Landbesitz – beides überlebensnotwendig für die Neuankömmlinge.

Amphiktyonie

Diese Überlegungen haben M. Noth 1930 zu seiner These einer altisraelitischen Amphiktyonie (griech: Gruppe von Umwohnenden) geführt. Noth verglich darin das Israel der Richterzeit mit altgriechischen und italischen vorstaatlichen Gesellschaften. In ihnen gibt es Sechser- oder Zwölfergruppen von Stämmen, die sich monatlich abwechselnd um die Pflege eines gemeinsamen Heiligtums mit gemeinsamen Regeln zusammenfinden. Ein Vorläufer der späteren Zwölfergruppe wäre eine 6er-Gruppe von El-Verehrern gewesen, eben Israel. Die These hat lange Zeit das Bild des vorstaatlichen Israel bestimmt, bis sie unter der Last immer neuer Folgehypothesen zusammengebrochen ist. Das Hauptproblem für Israel ist das Fehlen eines Zentralheiligtums, das erst später mit dem Jerusalemer Tempel entsteht. Dagegen erklärt sie treffend das Festhalten an der Zwölfzahl der Stämme, obwohl exakt diese Zahl von Stämmen historisch kaum je nebeneinander existiert hat.

segmentäre Gesellschaft

Ende des 20. Jh. hat man versucht, das Problem mehr von der (ethno-)soziologischen Seite anzugehen. Anhand von Vergleichen mit vorstaatlichen Gesellschaften Afrikas kam die These auf, das vorstaatliche Israel sei eine segmentäre Gesellschaft. Dabei spielt vor allem das Element der fehlenden, mit entsprechenden Machtmitteln ausgestatteten Zentralinstanz (also einem König o. ä.) eine Rolle, wohingegen das religiöse Element kaum zum Tragen kommt.

Richter Israels

Beide Modelle haben einen gewissen Wahrheitswert. Die Amphiktyonie kann die wesentliche Rolle der Religion bei der Entstehung Israels sowie die (fiktive) Zwölfzahl der Stämme erklären, die segmentäre Gesellschaft beschreibt das tatsächliche gesellschaftliche und politische Leben zutreffend. Mit beiden Thesen kompatibel ist die Figur des „Richters Israels". In Ri 10,1–7; 12,7–15 wird eine Reihe von Männern genannt, die „Israel richteten". Auch darüber hat es in der Forschung viele Diskussionen gegeben. Man wird der Lösung nahekommen, wenn man die Aussagen dieser vermutlich sehr alten Liste wörtlich nimmt: Es handelt sich um Richter, die sich jedoch nicht um juristische Einzelfälle, sondern um Angelegenheiten mit übergeordneter Bedeutung und Problemfälle zwischen den Stämmen gekümmert haben dürften. Der letzte in der Reihe der Richter war Samuel (1 Sam 7,15–17; 25,1). Von diesen in der Literatur „kleinen Richtern" genannten Personen sind die sogenannten „großen Richter" zu unterscheiden. Bei ihnen handelt es sich um charismatische Heerführer, die im Auftrag und in Abhängigkeit von Jahwe zeitlich und lokal begrenzte Abwehrschlachten führten und danach ins Zivilleben zurückkehrten. In der Literatur ist die Rede vom Jahwekrieg (früher auch heiliger Krieg), der nach bestimmten Regeln abläuft und dessen eigentlicher Kriegsherr Gott selbst ist. Die Übertragung des Begriffs Richter auf diese Gruppe ist durch Jephtah veranlasst, der zunächst großer Richter und später kleiner Richter war.

Saul

Die Institution des Jahwekrieges eignete sich für temporäre Bedrohungen. Im 11. Jh. v. Chr. war dem im Entstehen begriffenen Israel mit den Philistern aber ein Gegner erwachsen, dem so nicht beizukommen war. Die Philister gehörten zur Seevölkerbewegung, einer Wanderungsbewegung aus der Ägäis. Sie setzten sich (mit Duldung Ägyptens) an der Küste fest und drangen – militärisch gut ausgerüstet – sukzessive ins Bergland vor, wo sie auf die israelitischen Stämme treffen. Der so entstandene Dauerkonflikt verlangt seitens der Israeliten neue Maßnahmen. Unter dem philistäischen Druck entstand kurz vor 1000 v. Chr. das Königtum, das unter Saul noch recht einfache Formen zeigt und maximal als Heerkönigtum beschrieben werden kann. Saul wird, vermutlich aufgrund von Erfahrungen an anderer Stelle, vom Volk zum König ausgerufen (1 Sam 11). Samuel war daran nicht beteiligt – die diesbezüglichen Überlieferungen dienen der nachträglichen Legitimation (1 Sam 8–10). Saul ist ein Übergangskandidat. Er steht mit einem Bein noch in der Richterzeit und versucht mit den Mitteln dieser Zeit, die neuen Probleme zu lösen. Seine Hofhaltung ist äußerst bescheiden, die wichtigsten Posten sind mit Verwandten besetzt, eine staatliche Organisation fehlt weitgehend. Vermutlich hat Saul nur kurz regiert. Es kommt bald zur Entscheidungsschlacht zwischen dem israelitischen Heerbann und den Philistern, bei der Saul und drei seiner Söhne getötet werden.

David

Dass die Idee des Königtums sich in dieser kurzen Zeit bereits verfestigt hatte, zeigt sich daran, dass der verbliebene Sohn Sauls Ischbaal nun König wird, allerdings nur über den Norden. Der Süden unter Führung Judas wählt sich David als König und schließt mit ihm einen Vertrag – eine Art konstitutioneller Monarchie also (2 Sam 2). David war als Krieger und Musiker an Sauls Hof gekommen, vor allem um den vermutlich psychisch kranken Saul (1 Sam 16,14 spricht von einem „bösen Geist") zu beruhigen. Aufgrund seines persönlichen Charismas machte David schnell Karriere. Er wurde in der Militärführung unentbehrlich, heiratete eine Tochter Sauls und war mit dessen ältestem Sohn Jonathan eng befreundet. Sauls Misstrauen gegenüber David dürfte z. T. berechtigt gewesen sein. David floh schließlich vor Saul und führte mit seiner persönlichen Söldnertruppe eine Habiru-Existenz, wobei er sich auch von den Philistern anheuern ließ.

Sieben Jahre später kommt Ischbaal unter unklaren Umständen zu Tode und David wird von den Ältesten des Nordens auch die dortige Königswürde angetragen (2 Sam 5). Unter Davids Regierungszeit (bis 960 v. Chr.) erlebt Israel eine erste Blüte. Die

Großreiche des Vorderen Orients befinden sich in einer Schwächeperiode, die David nutzen kann, um das Territorium zu vergrößern. David geht daran, den Staat zu organisieren. Durch seine persönliche Söldnertruppe lässt er Jerusalem erobern. Wenn später von der „Stadt Davids" die Rede ist, so ist das wörtlich zu verstehen. Jerusalem, zwischen Nord und Süd gelegen, wird zur Hauptstadt des neuen Reiches. Das helle Bild, das die Tradition von David zeichnet und das letztlich zur Idee des Messias führt, hat allerdings auch dunkle Seiten. David war bei seinem Weg an die Macht nicht zimperlich und hat seine und Israels Interessen oft genug gewaltsam durchgesetzt. Zu seinen Schwächen gehört auch die fehlgeschlagene Familienpolitik – die ältesten drei Söhne Davids scheiden aus der Thronfolge aufgrund von Aufständen und persönlichen Auseinandersetzungen aus. Sein vierter Sohn Salomo wird schließlich sein Nachfolger, und auch das nur durch die Intervention bzw. Intrige seiner Mutter Batseba, des Jerusalemer Priesters Zadok sowie Benajas, der Davids Söldnertruppe führte, die allesamt für eine Abwendung von den alten israelitischen Traditionen stehen.

Salomo

Zwar sichert auch Salomo seine Macht zu Beginn durch gewaltsame Aktionen, doch mit ihm besteigt ein neuer Typ Herrscher den Thron. Salomo orientiert sich politisch nach innen; sein Interesse gilt dem Ausbau des Staates. Dazu zählt eine effektive Verwaltung mit einem funktionierenden Abgaben- und Frondienstwesen. Das notwendige Personal wird u. a. nach ägyptischem Vorbild ausgebildet – es fehlt in dieser Zeit an Menschen, die lesen und schreiben können. Mit der Schrift verbreitet sich die allgemein vorderorientalische Weisheit, eine Geisteshaltung zur Bewältigung sowohl praktischer als auch (abgeschwächt) theoretischer Probleme. Salomo unterhält internationale Beziehungen, und der Tempel, den er in Jerusalem errichten lässt, wird nach syrischem Vorbild von ausländischen Handwerkern erbaut. Das Tempelpersonal stammt z. T. aus der noch vorhandenen kanaanäischen Bevölkerung. Es ist eine Phase der Konsolidierung des Staates, die Salomo Ruhm nicht nur als beispielhafter Weiser, sondern auch als wohlhabender König einbringt. Die kulturellen Fortschritte im Inneren haben ihr Ge-

genbild in der Vernachlässigung der Außenpolitik, sodass das von David mit militärischer Gewalt geschaffene Reich an seinen Rändern bereits zu bröckeln beginnt.

926–722 v. Chr.

Nach dem Tod Salomos 926 v. Chr. bricht ein schon lange schwelender Konflikt zwischen Nord- und Südstämmen offen auf. Der Norden fühlt sich – wohl zu Recht – bei der Abgabenlast und beim Frondienst benachteiligt. Die Verhandlungen der Vertreter des Nordens mit Salomos Sohn Rehabeam enden in einem Eklat (1 Kön 12). Der Norden trennt sich daraufhin vom Süden, löst die Personalunion auf und wählt mit Jerobeam, einem früheren Verwaltungsbeamten Salomos, einen eigenen König. Fortan existieren auf dem Gebiet Israels zwei selbstständige Staaten, deren Grenze einige Kilometer nördlich von Jerusalem verläuft. Im Norden kommt es immer wieder zu Versuchen von Dynastiebildungen. Das Herrschaftssystem erweist sich aber als eher instabil. Die Geschichte weiß von häufigen, teilweise blutigen Machtwechseln. Im Süden, der den Namen Juda führt, bleibt bis 587 v. Chr. der Thron in der Hand der Familie Davids.

goldenes Stierbild

Für Jerobeam gibt es ein grundsätzliches Problem. Zwar hängen die religiösen Traditionen Israels im Wesentlichen am Norden, doch war mit dem Tempel in Jerusalem ein neues religiöses Zentrum (mit der alten Lade im Allerheiligsten) entstanden. Um dem etwas entgegenzusetzen, lässt Jerobeam die alten Heiligtümer von Bethel und Dan ausbauen und jeweils ein goldenes Stierbild aufstellen, das die Gegenwart Jahwes repräsentieren soll. Dabei greift er auf ältere Traditionen des Jahweglaubens zurück. Diese Maßnahme wird von Späteren als der religiöse Sündenfall schlechthin betrachtet.

assyrische Expansion

In der Folgezeit wird die Politik bestimmt von der Tatsache, dass mit Israel und Juda nun zwei Kleinstaaten der vorderorientalischen Staatenwelt gegenüberstehen. Mitte des 9. Jh. v. Chr. führt der israelitische König Ahab eine Koalition von Kleinstaaten in einen Feldzug gegen die expandierenden Assyrer. Ahabs Nachfolger wird durch Jehu getötet, womit sich die Innen- und Außenpolitik Israels grundlegend ändert. War Ahab, der zur Omri-Dynastie gehörte, auf Ausgleich auch mit den kanaanäischen Bevölkerungsschichten und deren Religion bedacht, verfolgen Jehu und seine Nachfolger entgegengesetzte Ziele. Die Interessengemeinschaft mit den Aramäern zerbricht und Israel gerät unter aramäischem Druck fast an den Rand seiner Existenz. Der Druck lässt nach, als die Assyrer im 8. Jh. v. Chr. erstarken und ihrerseits die Aramäer unter Druck setzen. In Israel kommt es zu einer letzten Blütezeit unter Jerobeam II. Diese wird durch die immer weiter expandierenden Assyrer 733 v. Chr. vorläufig, schließlich 722. v. Chr. endgültig beendet. Israel wird in das assyrische Großreich eingegliedert, größere Teile der Bevölkerung werden deportiert und verlieren sich auf immer in den Weiten des assyrischen Reiches. Sie werden durch fremde Elemente ersetzt, sodass eine Mischbevölkerung entsteht. Die Nachwirkungen dieser Maßnahme reichen weit in die Geschichte des Judentums. Die Samaritaner (also Nordreichbewohner, nach der Hauptstadt Samaria) gelten den übrigen Juden als nicht gleichwertig. Daneben gibt es eine größere Flüchtlingsbewegung in den Süden, bei der auch die theologischen Traditionen des Nordens und die bis dahin existierende Literatur in das Südreich Juda gelangen.

722–587 v. Chr.

Bis in das letzte Drittel des 8. Jh. v. Chr. war Juda von den Vorstößen aus dem Norden weitgehend verschont geblieben. Außer gelegentlichen Grenzstreitigkeiten mit Israel blieb es hier ruhig. Im Zusammenhang des Untergangs Israels wird Juda erstmals in den Konflikt hineingezogen. 733 v. Chr. versucht eine Koalition von Israel und Damaskus Juda in diese Koalition hineinzuzwingen. Juda ruft Assur – unnötigerweise – zu Hilfe und kann die Bedrohung schließlich abwenden (der sog. syrisch-ephraimitische Krieg). Juda muss aber mit anderen Kleinstaaten die assyrische Oberhoheit anerkennen. Wie später noch öfter, versucht der judäische König Hiskia, die Gelegenheit eines Thronwechsels in Assyrien zu nutzen, um sich von dessen Umklammerung zu befreien. 701 v. Chr. wird Jerusalem vom assyrischen Heer belagert, aber nach Zahlung eines schweren Tributs nicht eingenommen. Für den Jahweglauben war dies ein einschneidendes Ereignis – die Idee der Uneinnehmbarkeit des Zion, des Tempelberges mit dem Tempel als Wohnsitz Gottes bekommt einen deutlichen Aufschwung; die Zionstheologie verfestigt sich. Hiskias Nachfolger Manasse akzeptiert die assyrische Oberhoheit und Juda erlebt eine ruhige, wirtschaftlich erfolgreiche Periode.

Josia

Die Regierungszeit Josias fällt mit dem Untergang Assyriens und dem Erstarken Babyloniens zusammen. So nutzt Josia die Gunst der Stunde zu umfangreichen Reformen – im Zentrum steht die Zentralisierung des Kultes in Jerusalem und die Abschaffung der Heiligtümer auf dem Land – und zur Loslösung von Assur. Dennoch unternimmt er einen Versuch, das in den letzten Zügen liegende Assyrische Reich zu unterstützen, um ein Kräftegleichgewicht im Vorderen Orient zu erhalten. Der Versuch scheitert und 612 v. Chr. wird die assyrische Hauptstadt Ninive erobert. Von nun an übernehmen die Neubabylonier die Herrschaft und treten damit das Erbe Assurs an.

Nebukadnezar

Nach einer kurzen Konsolidierungsphase, die unter anderem Juda nutzt, um seine Selbstständigkeit zurückzugewinnen, unternehmen die Babylonier unter Nebukadnezar einen Feldzug nach Syrien-Palästina. 598 v. Chr. wird Jerusalem zum ersten Mal erobert. Teile der Oberschicht werden deportiert, und mit Zedekia setzen die Babylonier einen König von ihren Gnaden ein. Etwa zehn Jahre später beteiligt sich Zedekia gegen den ausdrücklichen Rat des Propheten Jeremia an einem Aufstand gegen Babylon. So kommt es im Jahr 587 v. Chr. zur endgültigen Eroberung und Zerstörung Jerusalems und damit auch des Tempels. Größere Teile der Bevölkerung werden deportiert, Zedekia wird drakonisch bestraft: Seine Söhne werden vor seinen Augen getötet; er selbst wird geblendet und nach Babylonien verschleppt. Das Land Juda wird verwüstet. Damit ist das Ende der Staatlichkeit für Israel/Juda (in der Antike) gekommen. Die verheißene „ewige Herrschaft" der Davidfamilie (2 Sam 7) verliert ihren realen Haftpunkt und lebt fortan in messianischen Ideen weiter.

587–538 v. Chr.

Dass es Israel gelungen ist, seine kulturelle und religiöse Identität angesichts der totalen Katastrophe zu bewahren, hängt u. a. mit der babylonischen Deportationspraxis zusammen. Anders als die Assyrer siedelten die Babylonier die Israeliten in zusammenhängenden Gebieten an und gestatteten ihnen ein religiöses Eigenleben sowie die Teilnahme am babylonischen Wirtschaftsleben. So ist es schließlich die Exilsgemeinde, die Israels Identität sichert durch die Bewahrung der Tradition (Sabbat und Beschneidung) und die Interpretation des Erlebten und Erlittenen im Kontext der bisherigen Theologie vor allem der Propheten. Das Exil wird nicht als Niederlage Gottes, sondern als seine Strafe für Israel verstanden – damit einher geht die Erkenntnis, dass dieser Gott nicht nur Herr über Israel, sondern über die ganze Welt ist. Er kann sich selbst der Babylonier bedienen, um seinen Willen durchzusetzen. Gottes Schöpfungshandeln rückt erstmals ins Zentrum des Nachdenkens. Damit entstehen aber zwangsläufig monotheistische Vorstellungen und Israels Religion tritt in eine ganz neue Dimension ein.

538–333 v. Chr.

Die Herrschaft Babylons währt nicht lange. 539 v. Chr. wird die Hauptstadt Babylon von den Persern unter Führung ihres Königs Kyros mehr oder weniger friedlich eingenommen. Damit endet auch offiziell das Exil. 538 erlässt Kyros ein Edikt, das den Exilierten die Rückkehr nach Israel ermöglicht. Allerdings wird von dieser Möglichkeit nur zögerlich Gebrauch gemacht. Denn einerseits ging es den Menschen in Babylonien vor allem wirtschaftlich nicht schlecht, andererseits war die Situation in Israel/Juda deprimierend. Dem Land fehlte die innere Führung, es mangelte an Spezialisten wie Handwerkern. Zudem war es Gegnern wie Edom hilflos ausgeliefert. Die Besitzverhältnisse waren weitgehend ungeklärt. So galt für viele eine Rückkehr als unattraktiv und es bedurfte intensiver Werbung, um das Land neu zu besiedeln und voranzubringen.

Judentum in der persischen Periode

Anders als noch vor Jahren wird der persischen Periode heute große Aufmerksamkeit gewidmet. Dies geschieht insoweit zu Recht, als diese Zeit die für die Entwicklung des Judentums und die Entstehung des AT prägende Epoche gewesen ist. Viele Bücher des AT erhalten in dieser Zeit ihre (endgültige) Form, und der Kanonisierungsprozess ist initiiert, wenn nicht in vollem Gang. Die Voraussetzung dafür war eine funktionierende (religiöse) Infrastruktur. Dass eine solche Struktur in Israel existierte, verdankte das Land zu einem guten Teil der persischen Regierung. Anders als ihre Vorgänger unterstützten und förderten die Perser die kulturelle, religiöse und z. T. auch administrative Selbstständigkeit der von ihnen eroberten Gebiete. So wird der Jerusalemer Tempel auf ausdrückliche Anordnung der persischen Regierung unter Mühen und keineswegs mit der zu erwartenden Begeisterung seitens der Judäer wieder aufgebaut und 515 v. Chr. eingeweiht. Bei der Einrichtung einer lokalen öffentlichen Verwaltung greifen die Perser auf das Tempelpersonal zurück – es entsteht eine Organisationsform, die bis in die Zeit des Neuen Testaments Bestand haben sollte. Religiöse und (in Teilen) politische Macht liegen in einer Hand. So bildet sich das heraus, was wir später Judentum nennen. Neben den Opferfeiern am Tempel gibt es in Anlehnung an babylonische Verhältnisse nach und nach Synagogengottesdienste als Wortgottesdienste ohne Opfer.

Esra, Nehemia

Um die wirtschaftlichen und sozialen Verhältnisse im immer noch zerstörten Land voranzubringen, wird von den Persern im 5. Jh. v. Chr. zunächst Nehemia als Statthalter nach Jerusalem entsandt. Er lässt die Stadt wieder befestigen – gegen den Widerstand der zuständigen Provinzregierung in Samaria, das in einem ständigen Konkurrenzverhältnis zu Jerusalem stand. Weiter führt er Landreformen, Umsiedlungen und Schuldenerlasse durch. Zu Beginn des 4. Jh. v. Chr. kommt Esra in persischem Auftrag nach Jerusalem. Er soll das „Gesetz des Himmelsgottes“ (Esr 7) in Geltung setzen: ein jüdisches Gesetz, hinter dem der Pentateuch oder wohl eher Teile davon vermutet werden. Esra geht es vor allem um die Konsolidierung der judäischen Gesellschaft im Inneren. Dazu gehört spiegelbildlich eine Abgrenzung nach außen, wie sie Teile des Gesetzes fordern. So kommt es u. a. zur Auflösung von Mischehen. Damit ist der Weg für die kommenden Jahrhunderte vorgezeichnet. Israel ist mehr religiöse als politische Gemeinschaft. Wo sie politisch agiert, wird sie von Theologen vertreten und geleitet. Gab es anfänglich noch Bestrebungen, einen Vertreter der Davidfamilie politisch zu installieren (Serubbabel), so ist im Laufe der Zeit davon keine Rede mehr.

333 v. Chr.–135 n. Chr.

Mit dem berühmten Datum 333 v. Chr. ändert sich im Vorderen Orient die Großwetterlage. Die Perser werden von Alexander dem Großen geschlagen, die Griechen und damit ihre spezifische Form der Kultur erobern den Vorderen Orient und es kommt zur politischen und kulturellen Erscheinungsform des Hellenismus – eine Durchdringung vorderorientalischer Traditionen mit griechischer Kultur. Nach Alexanders Tod zerfällt das Herrschaftsgebiet in drei Teile. Juda gehört während des 3. Jh. v. Chr. in den Einflussbereich der Ptolemäer, die von Ägypten aus regieren. Über diese Periode ist relativ wenig bekannt. Wahrscheinlich in diese Zeit fällt allerdings die endgültige Trennung der samaritanischen Gemeinde von Jerusalem. Sie errichten auf dem Berg Garizim ein eigenes Heiligtum und erkennen nur den Pentateuch als Heilige Schrift an. Dieser Tempel wird 128 v. Chr. zerstört.

Makkabäer

Ab 198 v. Chr. kommt Juda ohne eigenes Zutun unter die Herrschaft der Seleukiden, die von Syrien aus regieren. Es entsteht eine differenzierte Situation. Die Jerusalemer Oberschicht und damit auch die Priester freunden sich mit der griechischen Herrschaft und vor allem der Kultur an. Im einfachen Volk jedoch stoßen die Griechen auf Widerstand. Es entstehen religiöse Bewegungen wie die Chasidim (Frommen), aus denen später die Pharisäer hervorgehen. Unter Antiochos IV. Epiphanes (175–164 v. Chr.) kommt es zur Eskalation des Konflikts zwischen Jerusalem und den Seleukiden, der für das Judentum existenzbedrohend wurde. Antiochos plündert den Tempel, entweiht ihn und verbietet de facto die jüdische Religionsausübung. Der Widerstand gegen ihn wird organisiert von der Priesterfamilie der Hasmonäer, besser bekannt als Makkabäer nach ihrem bekanntesten Anführer Judas Makkabi (der Hammer). Es gelingt, die Seleukiden zurückzuschlagen und Jerusalem zu befreien. 164 v. Chr. wird der Tempel neu geweiht, das Danielbuch reflektiert diese Ereignisse.

römische Herrschaft über Juda

Im Laufe der Zeit entwickeln sich die Hasmonäer, die alle wichtigen Ämter besetzen, selbst zu Gewaltherrschern. Kurz nach 100 v. Chr. ernennt sich einer ihrer Vertreter selbst zum König – Juda hat für kurze Zeit seine Selbstständigkeit zurück. Die hasmonäische Herrschaft zerbricht an inneren Kämpfen und schließlich am Auftauchen der Römer 63 v. Chr. Als bekanntester Herrscher jener Zeit regiert Herodes 37–4 v. Chr. von

Roms Gnaden innerhalb der römischen Provinz Syria. Obwohl er sich nach außen traditionell gab und vor allem den Tempel großartig ausbauen ließ, fand er beim Volk wenig Ansehen. Bekannt ist seine Gewalttätigkeit, die auch vor Verwandten nicht Halt machte. Nach 44 n. Chr. wird das judäische Gebiet komplett von römischen Prokuratoren verwaltet, die ihrer Aufgabe nur schlecht nachkommen und oft willkürlich herrschen. Die Spannungen im Land verschärfen sich, und ab 66 v. Chr. kommt es zu offenen Aufständen gegen die römische Besatzung. Diese Bewegung wird 70 n. Chr. von Vespasian und Titus endgültig niedergeschlagen. Jerusalem wird erobert und komplett zerstört, ebenso der Tempel. Damit verlor das Judentum sein religiöses und geistiges Zentrum.

Simon Bar-Kochba führte 132–135 n. Chr. einen neuen, letzten Aufstand gegen Rom an. Auch dieser wurde gewaltsam niedergeschlagen. Jerusalem wird jetzt in eine römische Siedlung mit dem Namen Aelia Capitolina umgewandelt, den Juden wird das Betreten bei Todesstrafe verboten, die Provinz wird in Philistäa (!) umbenannt. Damit verliert das Judentum für viele Jahrhunderte endgültig seine Heimat, bis sich schließlich im 20. Jh. n. Chr. auf diesem Boden ein neuer Staat Israel gründet.

Fragen:

Fragen

1. Welche Probleme stehen einer Rekonstruktion der Geschichte Israels entgegen?
2. Welche Quellen stehen für die Rekonstruktion der Geschichte Israels zur Verfügung?
3. Können Sie die Geschichte Israels in ihre wesentlichen Epochen einteilen?

1.5 Der biblische Text

1. Die Entstehung des hebräischen Kanons

In regelmäßigen Abständen geistern Berichte durch die Medien über vermeintlich neu entdeckte oder angeblich unter Verschluss gehaltene religiöse Schriften aus der Entstehungszeit der Bibel, die die Grundfesten der Kirche – gemeint ist meist die katholische – erschüttern sollen und zu einer völligen Umorientierung des Christentums führen müssten. Für die Fachleute sind solche Meldungen wenig aufregend. In der Tat gibt es eine Fülle von (teils wichtigem) Material aus dem Umfeld der Entstehung der Bibel – hier vor allem dem NT –, das den Sprung unter die biblischen Bücher nicht geschafft hat. Das Problem verschärft sich noch einmal, wenn man protestantische und katholische Bibelausgaben vergleicht. Zum einen finden sich in der katholischen Bibel mehr Bücher als in der protestantischen, zum anderen variiert die Anordnung der Bücher, und z. T. gibt es Verschiebungen innerhalb einzelner Bücher wie etwa der Psalmen oder Jeremia. Damit stehen wir vor der grundsätzlichen Frage: Wodurch wird eine Schrift zur „Heiligen Schrift"? Und warum finden sich genau diese Bücher in der Bibel, andere hingegen nicht?

Kanon

Die Fragen sind nicht leicht zu beantworten. Es geht um die Entstehung des Kanons. Kanon ist ein Fremdwort griechischen Ursprungs und bezeichnet zunächst einen Rohrstab, wird dann übertragen auch für Maßstab, Richtschnur benutzt und dient heute u. a. als Bezeichnung für die Sammlung der biblischen Bücher.

Dass es zu genau dieser Sammlung von Schriften kam, hat Gründe, die auf verschiedenen Ebenen zu suchen sind. Hier spielen geschichtliche Entwicklungen, besondere Zeitumstände und die Entwicklung der Theologie und des Glaubens gleichermaßen eine Rolle. Ob und inwieweit der Kanon auf göttliche Inspiration zurückzuführen ist, lässt sich geschichtlich nicht erheben – diese Frage bleibt dem Glauben vorbehalten (s. auch 1.1.3). Wir können zunächst einmal davon ausgehen, dass die heutigen biblischen Bücher nicht als solche konzipiert wurden. In den meisten Fällen handelt es sich um Gelegenheitsliteratur, wenn auch qualitativ hochstehende. Nur einige Schriften wie etwa die Psalmen dürften von vornherein für den religiösen Gebrauch geschrieben und zusammengestellt worden sein.

Aufbau der hebräischen Bibel

Die Geschichte des Kanons lässt sich mit einiger Verlässlichkeit in Grundzügen nachzeichnen. Im Hebräischen heißt der Kanon auch Tenak – ein Kunstwort, das sich aus den Anfangsbuchstaben der drei Hauptteile zusammensetzt: Thora (urspr. Weisung) = fünf Bücher Mose, Nebiim (hebr.: Propheten), unterteilt in vordere (Jos, Ri, 1–2 Sam, 1–2 Kön) und hintere Propheten (Jes, Jer, Ez, 12-Propheten-Buch); Ketubim (hebr.: Schriften = Ps, Hi, Spr, Ruth, Hohl, Koh, Klgl, Esther, Dan, Esr, Neh, 1–2 Chr). Auch wenn sich in den drei Kanonteilen Schriften unterschiedlichen Alters finden, so dürfte die Entwicklung hin zur heutigen Schrift in drei Stufen erfolgt sein.

Thora

Zuerst galt die Thora als verbindlich. Wie es im Einzelnen dazu kam, lässt sich nur vermuten. Hier spielt ganz sicher die theologische Evidenz der Schriften selbst eine Rolle. Denn ihren Rang haben die Bücher nicht durch staatliche oder religiöse Autoritäten bekommen, sondern durch ihr Ansehen in der (Religions-)Gemeinschaft. Der Prozess hin zur Heiligen Schrift ist also ein allmählicher und beruht eher auf der inneren Autorität der Schrift selbst.

Für die Akzeptanz der Thora (wissenschaftlich auch Pentateuch [griech.: = 5 Gefäße]) lässt sich der Zeitrahmen relativ gut bestimmen. Der jüngste Teil der Thora ist erst in der Exilszeit entstanden, also nicht vor dem Ende des 6. Jh. v. Chr. Spätestens um 300 v. Chr. scheint die Thora aber allgemein akzeptiert zu sein. Dafür spricht die Existenz des sogenannten samaritanischen Pentateuchs. Etwa um 300 v. Chr. trennt sich eine kleinere Gruppe innerhalb des Judentums, eben die Gemeinde von Samaria, von Jerusalem ab. Diese bis heute existierende Gruppe hat immer nur die Thora als Heilige Schrift anerkannt. Die allgemeine Anerkennung muss also zwischen diesen beiden zeitlichen Grenzpunkten erfolgt sein. Dazu kommt eine weitere Beobachtung. Esra wird Anfang des 4. Jh. v. Chr. von der persischen Regierung beauftragt, in Israel das „Gesetz des Himmelsgottes“ (Esr 7) in Geltung zu setzen. Man hat gerne angenommen, dass sich dahinter der Pentateuch oder zumindest Teile davon verbergen. Auch wenn sich diese These nicht beweisen lässt, hat sie doch eine gewisse Wahrscheinlichkeit für sich, sodass sich das Bild von der Anerkennung des Pentateuch in dieser Periode verfestigt.

Nebiim

Der zweite Teil des hebräischen Kanons, die Propheten, stabilisiert sich im Laufe des 2. Jh. v. Chr. Im Buch Jesus Sirach (um

180 v. Chr.), das selbst keinen Eingang in den hebräischen Kanon gefunden hat, wird eine Dreiteilung des AT vorausgesetzt (Sir 44–49), wobei der Prophetenteil in dieser Zeit als abgeschlossen gilt. Das zeigt auch die Zuordnung des Danielbuchs zum 3. Kanonteil, den Schriften. Das Danielbuch, das zumindest zum Teil prophetischen Inhalt hat, lässt sich in seiner Entstehung um 165 v. Chr. relativ sicher datieren. Das Buch findet keinen Platz mehr im 2. Teil, dessen Umfang in dieser Zeit wohl schon feststand.

Ketubim

Schwieriger abzugrenzen ist der Abschluss des 3. Kanonteils, der Schriften. Vorausgesetzt wird seine Existenz bereits im Vorwort des Sirachbuches um 130 v. Chr. Allerdings lässt sich sein Umfang nur ungenau bestimmen, und mindestens bis zum Ende des 1. Jh. n. Chr. war nicht entschieden, ob Bücher wie Daniel, Kohelet oder das Hohelied zu den Heiligen Schriften gezählt werden sollten oder nicht. Bei diesen Büchern stand der Inhalt, der sich z. T. deutlich von der traditionellen Theologie unterscheidet, gegen eine solche Aufnahme.

Nach einer lange Zeit gängigen These des 19. Jh. fand die endgültige Festlegung des Kanons auf einer Synode jüdischer Schriftgelehrter in Jamnia (Jabne) um 100 n. Chr. in bewusster Abgrenzung gegen das neu entstandene Christentum sowie unterschiedliche jüdische Bewegungen statt. So sehr man sich einen solchen Fixpunkt für eine endgültige Festlegung wünscht – historisch belegen lässt sich diese Synode nicht. Richtig an der These dürfte sein, dass der hebräische Kanon am Ende des 1. Jh. n. Chr. weitgehend feststand und akzeptiert war und dass dabei auch die Abgrenzung gegenüber auseinanderdriftenden religiösen Gruppierungen (zu denen hier auch das Christentum gehört) eine Rolle gespielt hat, ohne dass damit wie früher Schuldzuweisungen in die eine oder andere Richtung angebracht sind.

hebräische Kodizes

Der so festgestellte hebräische Text, der sich auch z. T. in den Texten von Qumran widerspiegelt, wird in den folgenden Jahrhunderten durch die sogenannten Masoreten, jüdische schriftgelehrte Theologen, bearbeitet und mit äußerster Sorgfalt überliefert. Auch wenn die ältesten kompletten hebräischen Bibelhandschriften erst aus dem 10. Jh. n. Chr. stammen (Kodex von Aleppo), können wir davon ausgehen, dass der vorliegende Text relativ nahe an der Textfassung der Kanonisierungsepoche liegt. Im internationalen Wissenschaftsbetrieb wird heute der Text des Kodex Leningradensis aus dem Jahr 1008 n. Chr. benutzt, der in Form der Biblia Hebraica Stuttgartensia gedruckt und wissenschaftlich bearbeitet vorliegt.

2. Ältere Übersetzungen

Bereits während der Entstehungszeit des AT werden die bis dahin existierenden Schriften in andere Sprachen übersetzt. Diese Übersetzungen werden vor allem aus zwei Gründen notwendig. Zum einen kommt spätestens mit der persischen Vorherrschaft im Vorderen Orient das Hebräische als Alltagssprache außer Gebrauch. An seine Stelle tritt das Aramäische in Gestalt des sogenannten Reichsaramäisch. Hebräisch bleibt vor allem den biblischen Texten und in diesem Zusammenhang den Theologen (Priestern und Schriftgelehrten, später Rabbinen) vorbehalten. Zum anderen kommt eine geschichtliche Entwicklung zum Tragen, die im babylonischen Exil (6. Jh. v. Chr.) ihren Ausgangspunkt hat. Seit dieser Zeit kommt es vermehrt dazu, dass Israeliten/Juden außerhalb Israels leben – zunächst in Babylonien und den Israel angrenzenden Länder, später auch im gesamten Mittelmeerraum bis hin nach Rom und Spanien.

Targum

Die ersten antiken Übersetzungen des hebräischen Texts sind die Targumim. In den neu entstehenden Synagogengottesdiensten der nachexilischen Zeit werden die hebräisch verlesenen Texte zunächst mündlich ins Aramäische übersetzt, damit die Zuhörer dem Gottesdienst folgen können. Hieraus entwickelt sich sukzessive die Targumliteratur, die damit eine frühe Texttradition repräsentiert.

Septuaginta

Neben einigen frühen Übersetzungen in weitere semitische oder teilsemitische Sprachen aus dem Umkreis Israels (z. B. Syrisch und Koptisch) kommt unter den antiken Übersetzungen der Septuaginta die weitaus größte Bedeutung zu (griech. = 70, deshalb als Abkürzung oft LXX). Der Name erklärt sich aus einer alten Legende über ihre Entstehung. Danach sollen zunächst 72, schließlich 70 jüdische Gelehrte den hebräischen Text unabhängig voneinander, aber trotzdem exakt gleichlautend in Alexandria ins Griechische übersetzt haben. Tatsächlich stellt sich der Übersetzungsprozess komplexer dar, als es die fromme Legende erklärt. Richtig an ihr könnte der Entstehungsort sein. Die Übersetzung ist aber eher in einem längeren Prozess entstanden, an dem verschiedene Hände beteiligt waren. So wie der hebräische Text lässt auch die LXX Wachstumsstufen erkennen.

Wurde die LXX früher als Texttyp vom Wert her nicht sehr hoch eingeschätzt, findet sie gegenwärtig starke Beachtung, und nicht wenige Forscher meinen, dahinter einen z. T. älteren hebräischen Texttyp zu erkennen. Die LXX hat sich schnell verbreitet, was mit der Tatsache zusammenhängt, dass die griechische Kultur den gesamten Vorderen Orient und den Mittelmeerraum durchdrungen hatte. So kommt es, dass das frühe Christentum in dem Moment, als es den Boden Palästinas verlässt und sich im Mittelmeerraum ausbreitet, die LXX und nicht den hebräischen Text der Bibel zur Grundlage der eigenen Religion macht. Im Judentum, das die LXX hervorgebracht hatte, trug diese Tatsache mit zur Distanzierung von dieser Übersetzung bei. So ging man daran, neue griechische Übersetzungen zu fertigen, die u. a. in der sogenannten Hexapla (ein Nebeneinander von sechs Übersetzungen) des Kirchenvaters Origenes bezeugt sind.

Anordnungsprinzip der Septuaginta

Da vor allem der 3. Kanonteil während des Übersetzungsprozesses der LXX noch nicht festgelegt war, finden sich in der LXX mehr Bücher als im hebräischen Kanon. Einige dieser Bücher liegen nur Griechisch vor und haben keine hebräischen Vorlagen. Auch folgt die LXX einem anderen Anordnungsprinzip – es ist historisch-sachlich orientiert. So findet sich das Buch Ruth z. B. im hebräischen Kanon bei den fünf Megillot (hebr. = Festrollen) unter den Schriften, in der LXX wird Ruth wegen seines Inhalts (es geht u. a. um einen Vorfahren Davids) vor das 1. Samuelbuch gestellt. Ähnlich ist es mit den Klageliedern. Da sie in der Tradition dem Propheten Jeremia zugeschrieben werden, finden sie sich in der LXX direkt im Anschluss an das Buch Jeremia.

Vulgata

Die LXX wird für die christliche Kirche zur Grundlage aller weiteren Übersetzungen. Nach mehreren lateinischen Übersetzungen einzelner Schriften oder Bibelteile entsteht Ende des 4. Jh.

n. Chr. auf der Grundlage der LXX die Vulgata. Für diese in der katholischen Kirche bis heute maßgeblichen Übersetzung ins Lateinische ist der Kirchenvater Hieronymus verantwortlich, der diese Arbeit in Palästina, genauer in Bethlehem in Angriff genommen hat. Der Begriff Vulgata (lat. = Allgemeine) zeugt von ihrer Funktion und ihrem Rang innerhalb der westlichen Kirche. Ihre Existenz verdankt sie der Gewichtsverlagerung innerhalb der antiken Kirche hin in den Westen, nach Rom, eine Entwicklung, die spätestens mit Konstantin Mitte des 4. Jh. ihren wesentlichen Impuls bekam.

Vulgata und Reformation

Die Vulgata bestimmte die christliche Kirche und Theologie bis ins ausgehende Mittelalter. Das ändert sich erst mit der Reformationszeit, die geistesgeschichtlich mit dem etwas älteren Humanismus einhergeht. In dieser Epoche kommt ein besonderes Interesse an antiken Quellen und der Philologie auf. Das Kirchenmodell der Reformation ist u. a. bestimmt durch die Idee des mündigen Christen, der als Maßstab seines Glaubens und Handelns allein auf die Bibel (sola scriptura) gewiesen ist. Dazu ist es aber nötig, ihn mit dieser Bibel direkt in Kontakt zu bringen. Die Bibel füllt in dieser Zeit die Lücke, die durch den Wegfall der kirchlichen Autorität in Gestalt der Papstkirche entsteht. So war es zwangsläufig, dass Luther und seine Mitarbeiter Übersetzungen in die Landessprache forderten und selbst anfertigten. Dabei hat für den deutschsprachigen Raum Luthers Übersetzung eine überragende Bedeutung gewonnen. Zwar gab es auch vor Luther Übersetzungen ins Deutsche – sie haben jedoch, mit Ausnahme der Zürcher Bibel im reformierten Bereich, nicht annähernd die Bedeutung der Lutherübersetzung erlangt und sind bald in Vergessenheit geraten.

das AT in der Lutherbibel

Während Luther das NT innerhalb von wenigen Wochen auf der Wartburg allein übersetzt hat, ist die Übersetzung des AT eine Gemeinschaftsarbeit Luthers und seiner Wittenberger Kollegen, die einen längeren Zeitraum beansprucht hat. Dabei nutzt Luther das Deutsch der kursächsischen Kanzlei, das sich durch die Lutherbibel in ganz Deutschland verbreitet und so zum „Hochdeutsch“ wird. Der bis dahin völlig disparate deutsche Sprachraum erhält so eine Einheitssprache.

Das Besondere der Übersetzung in der Zeit des Humanismus ist, dass Luther sich nicht – wie bisher – auf LXX und Vulgata bezieht, sondern direkt aus dem Hebräischen (unter Benutzung der älteren Versionen) übersetzt. So entsteht mit der Lutherbibel ein Mischwerk: Luther benutzt den hebräischen Kanon und erkennt nur dessen Bücher als verbindlich an, verwendet aber das Anordnungsprinzip von LXX und Vulgata. Die in LXX und Vulgata überschüssigen Bücher nennt er Apokryphen (griech. = Verborgene), denen er durchaus einen gewissen Wert beimisst, sie aber der Heiligen Schrift als nicht gleichwertig ansieht.

3. Moderne Übersetzungen

Was ist eine gute Übersetzung? Eine oft gegebene Antwort lautet: Diejenige, die den Urtext originalgetreu wiedergibt. Aber stimmt das? Bedenkt man die verschiedenen Verwendungsmöglichkeiten, so wird schnell klar, dass eine Übersetzung, die sich sehr eng an den Urtext anlehnt, nicht unbedingt für den Schulunterricht geeignet sein muss. Umgekehrt wird eine gut lesbare Ausgabe in heutigem Deutsch nicht unbedingt geeignet sein für Studierende, die ohne hebräische Sprachkenntnisse sich dennoch dem hebräischen Original möglichst annähern möchten.

Übersetzen ist stets ein kommunikativer Prozess. Dabei stehen sich die Ausgangssprache – über die wir mehr oder weniger gut Bescheid wissen – und die Zielsprache gegenüber. Die Kunst des Übersetzens liegt darin, beide Pole angemessen zu berücksichtigen und in Beziehung zu setzen. Hinzu kommt im Bereich der Zielsprache das Problem der Zielgruppe und der spezifischen Verwendung – Deutsch ist hier nicht gleich Deutsch.

konkordante Übersetzung

Grundsätzlich kann man drei Typen von Übersetzungen unterscheiden. Der erste Typ, die konkordante Übersetzung, ist sehr nahe an der Ausgangssprache ausgerichtet. Hierbei wird versucht, möglichst im Verhältnis 1:1 zu übersetzen, für jedes Wort der Ausgangssprache eine Entsprechung in der Zielsprache zu nutzen und die syntaktischen Strukturen so weit wie möglich zu erhalten. Der Vorteil liegt in der möglichst exakten Abbildung der Ausgangssprache, die damit auch für diejenigen, die sie nicht beherrschen, ein Stück weit transparent wird. Das geht aber klar zulasten der Zielsprache.

philologische Übersetzung

Diese kommt beim zweiten Typ, der philologischen Übersetzung, stärker in den Blick, wenngleich auch hier die Ausgangssprache starke Beachtung findet. Anders als beim ersten Typ wird hier allerdings nicht versucht, die Ausgangssprache zu „imitieren". Stattdessen werden stärker Sinnzusammenhänge beachtet und als komplexe Formen in die Zielsprache übertragen.

kommunikative Übersetzung

Der dritte Typ, die kommunikative Übersetzung, versucht demgegenüber vor allem den Sinn im Ausgangstext zu erfassen, um diesen dann in die Zielsprache zu übertragen. Dabei geht es weniger um die Abbildung der Syntax oder die philologisch exakte Wiedergabe bestimmter Begriffe als um die Verständlichkeit des ursprünglich Gemeinten.

Lutherbibel

Von den modernen Übersetzungen kommt der Lutherbibel zweifelsohne der höchste Rang zu. Dabei gehört Luther – auch wenn man es anders vermuten würde – zum Typ der kommunikativen Übersetzung. Er hat das selbst im „Sendbrief vom Dolmetschen" mit dem bekannten Ausdruck „dem Volk aufs Maul schauen" deutlich formuliert. Luther hat sich um den Sinn der ursprünglichen Aussagen mit den wissenschaftlichen Methoden seiner Zeit bemüht, sie dann aber oft in großer Freiheit gegenüber der Ausgangssprache in ein für seine Zeit allgemein verständliches Deutsch gebracht. So lässt sich der hebräische Text oft nur annäherungsweise wiedererkennen, der Sinn aber ist meist treffend wiedergegeben. Wenn der Luthertext heute vor allem von jüngeren Menschen nur schwer verstanden wird, liegt das am Prinzip der verschiedenen Revisionen der Lutherbibel. Bei ihnen stand die Erhaltung der sprachschöpfenden Kraft Luthers im Vordergrund – man sollte Luther wiedererkennen können. Das führt gegenwärtig teilweise zu Verständnisproblemen, hat aber auch seine Berechtigung. Denn die Lutherbibel hat über die Jahrhunderte einen eigenen Wert entwickelt, der fast losgelöst von ihrem Ursprung zu veranschlagen ist, auch wenn das ein wenig irrational klingt. Ein Blick in die Alltagskultur erklärt, worum es geht. Wenn in Fernsehserien oder Filmen Bibeltexte in Spielszenen zitiert werden, so ist es überwiegend der Luthertext, selbst wenn Szenen aus dem Leben der anglikanischen oder sogar der katholischen Kirche dargestellt werden! Neben der oft selbstverständlichen Verwendung im Gottesdienst – hier eignet sie sich wegen ihrer poetischen Kraft besonders gut – ist die Lutherbibel zum allgemeinen Kulturgut des deutschen Sprachraums geworden.

Zürcher Bibel

Mit der neuen Revision der Zürcher Bibel liegt heute eine gut lesbare Alternative aus dem Bereich der reformierten Tradition vor, die stärker als Luther dem Urtext verpflichtet ist und eher dem philologischen Typ zuzurechnen ist.

Elberfelder Bibel

Noch näher am hebräischen Original orientiert ist die sogenannte Elberfelder Bibel, die erstmals Mitte des 19. Jh. in freikirchlichen Kreisen aus dem besonderen Interesse an der biblischen Überlieferung und ihrem Studium heraus entstand und heute in revidierter Fassung von 1985 vorliegt. Die Bibel wird gerne von Studierenden benutzt, die damit einen Text vorliegen haben, der die Originalsprache relativ gut abbildet.

Gute Nachricht

Einem eher evangelikalen Frömmigkeitstyp zuzurechnende Übersetzung ist die „Gute Nachricht", ein Unternehmen, das seinen Ursprung im Amerikanischen hat („Good News for Modern Man"). Es handelt sich um einen eindeutig kommunikativen Typ, der in Deutsch erstmals 1982 erschien und für einige Aufregung sorgte. Das vor allem deshalb, weil hier z. T. schon ein neuer Typ vorliegt, den man mit dem Stichwort „dogmatisch" beschreiben kann. Die Gute Nachricht zeichnet sich im NT dadurch aus, dass sie eine dezidierte Jesusfrömmigkeit propagiert, die so im ursprünglichen Text nicht angelegt ist. Die ökumenisch verantwortete Revision von 1997 hat auf die deutliche und z. T. auch berechtigte Kritik reagiert; so ist die Gute Nachricht heute auch – mit Abstrichen – für den Unterricht zu gebrauchen, zumal sie sich um eine „moderne" Sprache bemüht und so die Hemmschwelle gegenüber biblischen Texten herabsetzen kann.

Einheitsübersetzung

Mit der „Einheitsübersetzung" liegt seit den 1970er-Jahren endlich eine kirchlich approbierte katholische deutschsprachige Bibel vor. Zwar suggeriert der Begriff Einheit eine ökumenische Fassung – das stimmt hier auch für die Psalmen und das NT.

Einheit bezeichnet in diesem Fall aber die einheitliche Fassung für alle deutschsprachigen katholischen Gemeinden, etwas, das es in diesem Bereich aus kirchlich-dogmatischen Gründen bisher nicht gab. Die Einheitsübersetzung, die sich stark an LXX und vor allem Vulgata orientiert, ist zwischen dem philologischen und kommunikativen Typ anzusiedeln. Sie ist – von Exegeten erarbeitet – einerseits nahe am Urtext, bemüht sich andererseits aber um Gegenwartssprache, wobei die Sachlichkeit den Vorzug vor der Poesie bekommen hat. Eine Neubearbeitung findet gegenwärtig ohne protestantische Beteiligung statt, da von katholischer Seite dogmatische Gesichtspunkte mit eingebracht werden, die eine weitere Beteiligung unmöglich machen.

Bibel in gerechter Sprache

Dogmatische Gesichtspunkte stehen auch bei der letzten hier zu besprechenden Übersetzung im Vordergrund, der „Bibel in gerechter Sprache". Diese aus dem Umkreis des Ev. Kirchentags heraus entstandene Gemeinschaftsarbeit verschiedener Exegetinnen und Exegeten ist darum bemüht, Anstöße aus dem Weg zu räumen, die nach Meinung der Beteiligten der biblische Text in den vorliegenden Übersetzungen unnötig aufbaut. Es geht um Geschlechtergerechtigkeit, soziale Gerechtigkeit sowie Gerechtigkeit gegenüber dem Judentum. Diese Übersetzung wird von den einen so hoch gelobt, wie sie von den anderen abgelehnt wird. Für eine notwendige differenzierte Betrachtung fehlt hier der Raum. Diese Differenzierung wäre schon deshalb nötig, weil die von verschiedenen Händen stammenden Übersetzungen der einzelnen Bücher von sehr unterschiedlicher Qualität sind. Außerdem fehlt z. T. die Feinabstimmung zwischen den einzelnen Büchern, sodass die innerbiblische Kohärenz oft nicht mehr zu erkennen ist. Schwerer wiegt allerdings, dass die dogmatischen Entscheidungen – zu denen man zunächst einmal stehen kann, wie man will – die Übersetzungen stark beeinflussen und so auch Anstöße des Texts tilgen, die diesen gerade auszeichnen – biblische Überlieferungen dienen eben nicht nur der Bestätigung eigener Meinungen und Befindlichkeiten, sondern sind immer auch kritisches Korrektiv des eigenen Glaubens!

Dieser kurze Durchgang durch gegenwärtig viel benutzte Bibelausgaben zeigt, dass es nicht die eine allgemeingültige Übersetzung geben kann. Vielmehr ist für eine wirkliche Auseinandersetzung mit dem Text nötig, Übersetzungen auch kritisch zu sehen und zu vergleichen, sofern man keinen direkten Zugriff auf die Originalsprache hat. Darum ist es auch schwierig, eindeutige Empfehlungen für oder gegen eine Übersetzung zu geben. Es kommt im Wesentlichen auf den Verwendungszweck an.

Fragen:

Fragen

1. Wodurch wird eine Schrift zu einem biblischen Buch?
2. Können Sie den Weg vom hebräischen Text zur Lutherbibel nachzeichnen?
3. Was bedeutet Übersetzen – was ist für Sie eine gute Übersetzung?

2. Die Entstehung der einzelnen Bücher des Alten Testaments

Für das Verständnis der nachfolgenden Abschnitte ist es sinnvoll, den biblischen Text in einer guten deutschen Übersetzung parallel zu lesen und sich den Aufbau des jeweiligen Buches mittels einer „Bibelkunde" zu erschließen.

2.1 Pentateuch

1. Einführung

Umfang des Pentateuch

Das AT wird eröffnet durch die fünf Mosebücher, die nur im deutschen Sprachraum so bezeichnet werden. Die hebräisch-jüdische Tradition redet von der Thora (hebr. = Weisung), die Wissenschaft vom Pentateuch (griech.: penta = fünf; teuchos = Gefäß). Die Bücher heißen hier (und in fremdsprachigen modernen Übersetzungen) Genesis, Exodus, Levitikus, Numeri, Deuteronomium und folgen darin der LXX. In der hebräischen Bibel lauten die Namen wie die jeweiligen Buchanfänge: b^{e}reschit, sch^{e}mot, wajjiqra, bammidbar und debarim.

Gegenwärtig wird kaum ein Bereich des AT so kontrovers diskutiert wie die vermutete Entstehung des Pentateuch. Das hängt mit der Entwicklung der atl. Wissenschaft, konkret der Exegese zusammen, hat aber auch damit zu tun, dass man gerade in diesem Bereich stärker als in anderen auf Hypothesen angewiesen ist. Ich werde im Folgenden die im 20. Jh. n. Chr. vorherrschende Sichtweise darstellen und im Anschluss gegenwärtige Anfragen an diese traditionelle Sichtweise formulieren.

Mose als Verfasser?

Der Pentateuch erzählt die Geschichte von der Schöpfung über die Erwählung Abrahams, die Geschichte der Erzeltern, Israels Aufenthalt in und die Errettung aus Ägypten, der Wanderung durch die Wüste und die Gottesbegegnung am Sinai bis zur

Eroberung des Ostjordanlandes. Der Tradition nach geht diese Erzählung auf Mose als Verfasser zurück, wie etwa bei Josephus oder Philo von Alexandrien im 1. Jh. n. Chr. zu lesen ist. Allerdings gibt es hier bereits erste Problemanzeigen. Beide gehen davon aus, dass die Notizen vom Tod des Mose in Dtn 34 nur visionär geschrieben sein können; später wird angenommen, die Verse stammten von Josua. Im Mittelalter und während der Reformationszeit kommen weitere Beobachtungen hinzu. So weist der jüdische Gelehrte Ibn Esra aufgrund von Gen 36,31 und Dtn 1,1 darauf hin, dass der Pentateuch im Westjordanland – und damit eindeutig nach dem Tod des Mose – geschrieben worden sein muss. In der Folgezeit verstärken sich die Zweifel an der Verfasserschaft des Mose, ohne dass es zu einem wirklichen Durchbruch kommt. Dieser gelingt erst mit der Aufklärung im 18. Jh. und der verstärkten Wahrnehmung von Textunebenheiten.

2. Die neuere Urkundenhypothese

ältere Urkundenhypothese

Anfang des 18. Jh. bemerkte der Hildesheimer Pfarrer B. Witter, dass sich in den beiden Schöpfungsgeschichten Gen 1,1–2,4a und 2,4b–3 unterschiedliche Bezeichnungen für Gott finden, nämlich in der ersten Geschichte „Jahwe" (= Name des israelitischen Gottes – in der älteren Sekundärliteratur „Jehova" aufgrund eines Missverständnisses der hebräischen Tradition) und in der zweiten „Elohim" (hebr. = Gott). Ganz ähnliche Beobachtungen machte unabhängig davon der Leibarzt Ludwigs XV. Jean Astruc. Beide nahmen an, dass Mose hier zwei unterschiedliche Quellen verarbeitet hätte. Während Witters Arbeit unbeachtet blieb, wurde die Arbeit Astrucs von G. Eichhorn in seiner „Einleitung in das Alte Testament" (1780ff.) aufgenommen und fortgeführt. Nach ihm ist der Textbestand aus zwei Quellen durch einen späteren Redaktor zusammengefügt worden – die sogenannte ältere Urkundenhypothese.

Fragmentenhypothese und Ergänzungshypothese

Bevor die neuere Urkundenhypothese Gestalt gewann, gab es zwei weitere gewichtige Hypothesen, welche die neuere Urkundenhypothese mit bestimmt haben. Unter besonderer Berücksichtigung der Gesetzestexte sowie des Deuteronomiums, die sich nur schwer den Quellen zuordnen lassen, entstand die

Fragmentenhypothese. A. Geddes und J.S. Vater meinten um 1800 herum feststellen zu können, dass der Pentateuch nicht aus durchlaufenden Quellen, sondern aus einzelnen Überlieferungsblöcken zusammengestellt worden sei. Kern des Ganzen sei das Deuteronomium. Als eine Kombination beider Hypothesen entwickelten H. Ewald und F. Bleek (neben frühen Arbeiten von W.M.L. de Wette) die Ergänzungshypothese. Danach wäre eine durchlaufende Erzählquelle mit der Gottesbezeichnung Elohim durch einzelne Fragmente ergänzt worden.

neuere Urkundenhypothese

Zunächst nur für die Genesis wurde die neuere Urkundenhypothese entwickelt. H. Hupfeld entdeckte 1853, dass es innerhalb der Elohim-Schicht so große Diskrepanzen gibt, dass man höchstwahrscheinlich mit zwei unterschiedlichen Elohim-Quellen rechnen muss. De Wette konnte 1854 darüber hinaus deutlich machen, dass das Deuteronomium eine eigenständige Größe ist und nur die letzten Verse von Dtn 34 zu den alten Quellen gehören. Die Datierung der Quellen, die bis dahin noch offen war, wurde vor allem von J. Wellhausen (1878ff., darüber hinaus von K.H. Graf und A. Kuenen) in einer Form festgelegt, die allgemeine Anerkennung fand. Danach entstand der Jahwist (J) um 950 v. Chr. in der salomonischen Zeit, der Elohist (E) um 800 v. Chr., das Deuteronomium im 7. Jh. v. Chr. und die zweite Elohim-Quelle, jetzt Priesterschrift genannt (P), um 550 v. Chr. Hatte Hupfeld zunächst die Priesterschrift wegen ihrer scheinbar präzisen Angaben für die älteste Quelle gehalten, so konnte Wellhausen in seinen berühmten „Prolegomena zur Geschichte Israels“ (1883 in 2. Auflage) nachweisen, dass die vorexilischen Propheten die gesetzlichen Bestimmungen der Priesterschrift noch nicht kennen und sie daher jünger als die Propheten und damit auch als die übrigen Quellen sein muss.

3. Die Quellenschriften

Jahwist

Nach der neueren Urkundenhypothese ist der Jahwist die älteste Quellenschrift des Pentateuch. Er wird seit Wellhausen in der Mitte des 10. Jh. v. Chr., d. h. in der Zeit Salomos, der ersten größeren kulturellen Blütezeit Israels, angesetzt. Aufgrund seiner vielen Bezüge zum Süden wird die Entstehung von J in Juda vermutet. Als Kriterium für die Abgrenzung der J-Texte gilt vor allem der durchgehende Gebrauch des Jahwe-Namens. Daneben wird J meist via negationis bestimmt – E- und P-Texte sind klarer abzugrenzen (s. u.). J zeichnet sich durch eine ausgesprochen theologische Darstellung aus. Bei ihm stehen „Menschheitsfragen" im Vordergrund: Gott in seinem Verhältnis zum Menschen, der Mensch in seiner von Gott getrennten Existenz, die Sünde als trennendes Element, menschliches Leben unter den Bedingungen „jenseits von Eden" als der Erde verhaftet. Über allem steht das Thema des göttlichen Segens. Im Zentrum steht Gen 12,1–3. Von hier aus verfolgt J das Thema durch alle Gefährdungen hindurch bis zum Ende seiner Erzählung. Dabei spielt das Volk Israel eine besondere Rolle, aber auch die Völkerwelt erhält (vermittelt durch Israel) Anteil an diesem Segen.

Das Gottesbild des Jahwisten unterscheidet sich deutlich von den späteren. Für J trägt Jahwe ein menschliches Gesicht – man kann ihm im Garten begegnen (Gen 3,8) und als Schöpfer ist er wie ein Töpfer tätig (Gen 2,4bff.). Dahinter steht einerseits sicher eine frühe Vorstellung Gottes, die so später nicht mehr akzeptiert ist (man denke etwa an das Bilderverbot), aber im Vorderen Orient durchaus Vorbilder findet, andererseits zeigt sich darin auch die besondere Zuwendung Gottes zum Menschen. Der Mensch – hier besonders in der Gestalt der Erzeltern – wird realistisch und d. h. mit allen Stärken und Schwächen gezeichnet. In all seinen Lebensbezügen ist er der Erde, von der er stammt, verhaftet, gleichzeitig aber auch in allem, was er tut, auf Gott bezogen und ihm verantwortlich.

Bei seiner Darstellung hat J häufig auf vorhandenes Material zurückgegriffen. Dabei wird es sich eher um mündliche Traditionen als um schriftliche Quellen gehandelt haben, wie die neueste Urkundenhypothese annahm (danach hätten J zwei schriftliche Quellen vorgelegen). J hat dieses Material geordnet, verschriftlicht und in den Horizont seiner Theologie hinein umgearbeitet. Dazu gehört auch eine bewusste Entmythologisierung. J ist somit weniger Redaktor als vielmehr Autor.

Elohist

Ob es sich beim Elohisten um eine Quelle oder lediglich um eine redaktionelle Bearbeitungsschicht des Jahwisten handelt ist heftig umstritten. Das liegt zum einen am späten Einsetzen von E (meist wird Gen 20 vermutet) und damit dem Fehlen einer eigenen Urgeschichte (im Gegensatz zu J und P), zum anderen am relativ schmalen Textbestand dieser Schicht. Der durchgehende Gebrauch von Elohim, eine klar erkennbare eigene Theologie sowie eine Reihe von Doppelüberlieferungen sprechen m. E. für die Existenz einer Quelle neben J – die Akten sind hier aber noch nicht geschlossen.

Da in E vor allem das Heiligtum von Bethel eine große Rolle spielt und sich auch sonst Traditionen des Nordens finden, ist eine Entstehung im Nordreich Israel wahrscheinlich. Meist wird E um 800 v. Chr. herum angesetzt, gelegentlich wird er auch später, in die Zeit nach dem Untergang Israels 722 v. Chr. datiert. Für die klassische Datierung der neueren Urkundenhypothese spricht eine gewisse Nähe der theologischen Vorstellungen des Elohisten zu den Propheten Elia und Hosea (zwischen 850 und 750 v. Chr.).

Das Gottesbild des Elohisten unterscheidet sich signifikant von dem des Jahwisten. Gott wird nicht mit Namen genannt, und selbst da, wo E den Namen einführt (Ex 3,14), bleibt er letztlich unerklärbar. Das weist hin auf ein deutlich distanzierteres Verhältnis zwischen Gott und Mensch. Gott zeigt sich dem Menschen nicht direkt, sondern durch Boten oder durch Träume. Charakteristisch ist die doppelte Anrufung (z. B. Ex 3,4) sowie die bestätigende Antwort des Menschen "Hier bin ich". Anders als J sieht E hinter den teilweise verschlungenen Lebenswegen seiner Protagonisten Gott als letztendlich handelnd am Werk – das „entschuldigt" den Menschen auch bei vordergründigem Fehlverhalten. Das vermittelte Weltbild erinnert an weisheitliches Denken, und so wird E gerne im Bereich der israelitischen Weisheit verortet. Dazu passt auch das Element der Gottesfurcht: Gehorsam gegenüber dem Willen Gottes, begründet im Glauben an Gott, der sich auch und gerade in schwierigen Situationen bewährt.

Deuteronomium

Das Deuteronomium bildet in seiner jetzigen Form die Klammer zwischen dem Tetrateuch (griech.: vier) und dem DtrG (s. u., 2.2). Seit de Wette (1805) ist unbestritten, dass es nicht zu den Pentateuchquellen gehört, sondern eine Größe eigener Art ist. Es ist komplett als Rede des Mose gestaltet, wodurch der Eindruck einer bloßen Wiederholung des Stoffs zu vermeiden versucht wird. Die Gliederung des Buches spiegelt dessen Entstehungsgeschichte wider. Im Zentrum steht das dtn. Gesetz Dtn 12–26. Einen ersten Rahmen bildet die sogenannte dtn. Redaktion in Dtn (5)6–11 und 27f. Einen zweiten, dtr. Rahmen bilden die Kapitel 1–3(4) und 29ff. Dieser dtr. Rahmen verbindet das Dtn mit dem DtrG.

Urdeuteronomium

Die Entstehung des sogenannten Urdeuteronomiums (12–26) wird meist mit der josianischen Reform (2 Kön 22f.) in Zusammenhang gebracht. Das dort im Tempel von Jerusalem bei Bauarbeiten gefundene, bis dahin unbekannte Dokument wird mit dem Grundbestand von Dtn 12–26 identifiziert. Auch wenn zwischen der daraufhin von Josia durchgeführten Kultreform und Dtn 12–26 gewisse Unausgeglichenheiten bestehen und die Historizität des Grundbestands von 2 Kön 22f. gelegentlich angezweifelt wird, ist der Zusammenhang doch evident. Das Urdtn stammt vermutlich aus dem Nordreich. Es weist eine deutliche Nähe zur Theologie Hoseas auf. Das Königsgesetz von Dtn 17 ist eher auf nordisraelitischem Hintergrund verstehbar und auch das Prophetengesetz zeigt eine Nähe zu israelitischer prophetischer Tradition. Hinzu kommt, dass das Zentralisationsgesetz in Dtn 12 keinen Ort nennt – die spätere Identifikation mit Jerusalem ist zeitbedingt und wohl nicht von Anfang an beabsichtigt.

Die Theologie des Dtn lässt sich in einer einfachen Formel zusammenfassen: ein Gott – ein Volk – ein Heiligtum. Im Zentrum steht die freie Erwählung Israels durch Gott (Dtn 7). Die Beziehung zwischen beiden ist einzigartig und gründet allein in der Liebe Gottes zu Israel. Die Konsequenz daraus ist die unbedingte Gewiesenheit Israels auf eben diesen Gott, wie es im „Sch^{e}ma Israel" (Dtn 6,4; „Höre, Israel"), dem Glaubensbekenntnis des Judentums, unübertroffen ausgedrückt wird. Der Verehrung des einen Gottes entspricht die Zentralisation des Kultes an einem Ort; sie stellt die Einheit des Glaubens sicher. Aus der Erwählung folgt weiter eine besondere soziale Verantwortung. Israel wird als Volk von Brüdern (und Schwestern) angesprochen, das darum zu unbedingter Solidarität untereinander aufgefordert ist. Diese Solidarität schließt z. T. auch Außenstehende mit ein. Dieser besonderen Ausrichtung entspricht der Stil des Dtn. Die Gesetze werden oft predigtartig vorgetragen und eingeschärft.

Priesterschrift

Über den Umfang der Priesterschrift besteht seit Mitte des 19. Jh. n. Chr. weitgehende Einigkeit. Das liegt vor allem an der klaren Formsprache, die sich gut aus dem übrigen Bestand des Pentateuch ausgliedern lässt. P zeigt ein besonderes Interesse an Zahlen, Daten und Fakten, bietet eine exakt erscheinende Chronologie und ebensolche Genealogien. Der Stil ist eher berichtend als erzählend – man vergleiche etwa Gen 1 mit Gen 2! Dazu kommt ein spezifisches Vokabular. Höchstwahrscheinlich ist zwischen einer Grundschicht P^G und einer Bearbeitung P^S zu unterscheiden. Die zweite Schicht bietet vor allem Gesetzestexte und Kultvorschriften.

Die Grundschicht wird in der Regel in der Mitte des 6. Jh. v. Chr. datiert. Als Entstehungsort kommt am ehesten Babylonien in Frage. Der Schöpfungsbericht von Gen 1 setzt sich u. a. aktiv mit babylonischer Theologie auseinander. Außerdem zeigt P ein besonderes Interesse an Sabbat und Beschneidung, beides religiöse Lebensäußerungen, die auch im Exil lebbar waren. Dies und das besondere Interesse am Kult hat dazu geführt, priesterliche Kreise als Verfasser anzunehmen.

Für P ist Gott einerseits transzendent (lat.: grenzüberschreitend, im Sinne von jenseitig) und allmächtig, andererseits aber auch vor allem Israel in besonderer Weise zugewandt. Das kommt zum Ausdruck in der Vorstellung vom Bund Gottes mit seinem Volk. Dieser Bund ist eine einseitige Verpflichtungserklärung Gottes zugunsten seines Volkes: Ihr Inhalt ist die Verheißung von Landbesitz und Nachkommen. Zeichen dieses Bundes seitens des Menschen stellt die Beschneidung dar (vgl. die für P besonders wichtigen Kapitel Gen 17 und 23). Vor dem Bund Gottes mit Israel gibt es einen Bund mit allen Menschen. Am Ende der Sintflut verpflichtet sich Gott, eine solche Katastrophe nicht mehr heraufzuführen. Zeichen dieses Bundes ist der Regenbogen.

P hat ein klares Geschichtskonzept und teilt die Geschichte in Perioden ein, die durch eine jeweils besondere Weise der

Gottesoffenbarung gekennzeichnet sind. Dabei achtet P darauf, dass die geschichtliche Darstellung in sich schlüssig ist, was bei J und E nicht durchgehend der Fall ist. Besonders nachhaltig gewirkt hat die priesterschriftliche Vorstellung vom Menschen als Ebenbild Gottes (Gen 1,26). Dabei geht es nicht um bildhafte Vorstellungen (man denke nur an die Erschaffung als „männlich und weiblich"), sondern um den Auftrag des Menschen an der Schöpfung und die Teilhabe an der Macht und Verantwortung Gottes für sein Schöpfungswerk. Da auch P den Menschen als fehlerhaft (oder sündhaft) ansieht, kommt dem Kult als Ort der Reinigung von Sünden bzw. der Vermeidung der Sünde durch klare Regeln ein besonderes Gewicht zu.

Redaktion

Wie muss man sich nun das Zusammenwachsen der Quellenschriften vorstellen? Zunächst wurden vermutlich J und E verbunden, wobei J in der Regel den Vorzug erhält, wenn – wie zu vermuten ist – Parallelüberlieferungen vorlagen. Dieses Werk (auch Jehowist genannt) wurde später in P eingearbeitet, die als neue Grundlage diente. Die Unterschiedenheit von JE und P führt dazu, dass von beiden Werken relativ viel erhalten geblieben ist. Unsicher ist, ob Dtn bzw. sein Grundbestand vor der Verbindung mit P zu JE gestoßen ist, oder ob das Dtn erst nach der Redaktion von JEP in dieses Werk eingearbeitet wurde. Sicher ist, dass eine dtr. Endredaktion Pentateuch (bzw. den Tetrateuch) und DtrG mit Dtn als Scharnier verbunden hat.

4. Anfragen an die neuere Urkundenhypothese

Spätestens seit den 1970er-Jahren ist die neuere Urkundenhypothese infrage gestellt worden. Das hängt zusammen mit einer grundsätzlichen Trendwende in der alttestamentlichen Wissenschaft, die von hier aus auch andere Bereiche des AT erfasst hat. Dazu gehört die Abwendung von der Überlieferungs- und Literarkritik hin zu einer verstärkten Anwendung der Redaktionskritik. Mit der veränderten Fragestellung änderten sich die Ergebnisse. Damit ging eine Tendenz zur Spätdatierung der biblischen Texte einher, wobei die einen näher an die griechische Kultur rücken, die anderen näher an das Judentum. Beides ist den Vertretern dieser Spätdatierung durchaus nicht unsympathisch, denn es lässt das AT insgesamt in einem anderen Licht erscheinen. Im Folgenden sollen die m. E. wichtigsten Anfragen an das klassische Modell kurz skizziert werden.

Eigenständigkeit des Elohisten?

Bereits oben bei der Darstellung des Elohisten wurden dessen Grundprobleme aufgezeigt. Unbestritten ist, dass es im Pentateuch Bestandteile gibt, die klassisch einer elohistischen Quelle zugerechnet werden. Fraglich ist aber, ob es sich dabei um eine eigenständige, von J unabhängige Quelle mit einer eigenen, durchgehenden Geschichtsdarstellung handelt, oder ob es sich bei E lediglich um eine redaktionelle Bearbeitung eines vorliegenden J-Stoffes handelt. Ging der Trend längere Zeit in diese Richtung, gibt es gegenwärtig wieder mehr Stimmen, die für E als eine von J unabhängige Quelle plädieren. Am theologischen Profil ändert der Ausgang der Diskussion nicht allzu viel. Lediglich die Frage nach der Entstehung des Pentateuch überhaupt wird davon im Kern berührt.

Alter von J

Entscheidender sind die Fragen, die sich um den Jahwisten ranken. Hier steht man dem Problem der sicheren Feststellung des Textbestands (eine Feststellung via negationis ist immer problematisch) und vor allem dem der Datierung gegenüber. Schon die klassische Datierung hat Schwierigkeiten, wirklich gesicherte Argumente beizubringen. So ist man hier in der Hauptsache auf allgemeine kulturgeschichtliche Einschätzungen angewiesen. Anhänger einer Spätdatierung (nachexilisch) halten die Salomozeit für noch nicht reif für ein solch komplexes theologisches Werk. Und in der Tat zeigt J für diese frühe Zeit, in der in Israel erstmals mit einer Schriftkultur zu rechnen ist, eine enorme geistige Schaffenskraft. Immerhin entwickelt er einen Spannungsbogen von der Weltschöpfung (!) bis hin zur Erfüllung der Landverheißung. Vor allem die Urgeschichte macht die frühe Datierung problematisch – ist einem Theologen der Salomozeit ein solch weiter Horizont zuzutrauen, zumal das Thema „Schöpfung" danach für Jahrhunderte nicht mehr vorkommt? Diesem Problem hat man mit der Herauslösung der Urgeschichte und der Vermutung ihrer Selbstständigkeit zu begegnen versucht;

durchgesetzt hat sich diese Sichtweise nicht. Die Argumente sind weitgehend ausgetauscht; neuere, weiterführende Gesichtspunkte sind nicht in Sicht. Die Entscheidung über das Alter von J wird aus den Texten selbst heraus kaum zu beantworten sein.

dtr. Redaktion

Mit dem Methodenwechsel kommt es auch zu einem vermehrten Interesse an der Endgestalt der Texte und ihrer redaktionellen Bearbeitungsstufen. Hier wird verstärkt mit dtr. Bearbeitungen älterer Textbestände gerechnet, bis dahin, dass man die dtr. Bewegung für hauptverantwortlich hält, wenn es um Pentateuch (und Prophetie) geht. Davon ist auch die neuere Urkundenhypothese erfasst worden. So werden viele Texte, die man früher für elohistisch hielt, einer dtr. Redaktion zugeschrieben. Darüber hinaus wird gegenwärtig der Anteil der dtr. Bearbeitung am Pentateuch überhaupt relativ hoch eingeschätzt. Gesichert ist eine solche Redaktion im Dtn (2. Rahmen, s.o.) sowie bei der Zusammenarbeitung von Pentateuch und DtrG. Insgesamt ist in der Forschung einiges in Bewegung – ein endgültiges Ergebnis ist noch nicht erreicht.

Hexateuch

Schon immer problematisch war die sichere Feststellung des Endes der alten Pentateuchquellen. Sie brechen mit Ausnahme einiger Verse in Dtn 34, die der Verklammerung dienen, mit dem Buch Numeri ab, sodass man eigentlich von einem Tetrateuch sprechen müsste. Aber ist das sinnvoll? Die Quellen schaffen einen Spannungsbogen von der Landverheißung an die Erzeltern bis zur Erfüllung dieser Verheißung, ohne wirklich davon zu erzählen. Die Darstellung endet im Ostjordanland mit dem Tod des Mose „jenseits des Jordan". Das gelobte (= versprochene) Land ist noch nicht erreicht, die endgültige Erfüllung der Verheißung steht noch aus. Deswegen wurde schon vermutet, die Pentateuchquellen reichten ins Buch Josua hinein, das von der Landnahme im westjordanischen Stammland Israels erzählt (Hexateuch; hexa: griech. = sechs) – gesichert ist die Existenz der Quellen im Buch Josua bis heute jedoch keineswegs. Andere sind noch weiter gegangen bis hin zum 2. Königebuch (Enneateuch; ennea: griech. = neun). Wieder andere vermuten, dass eine früher existierende Landnahmeerzählung zugunsten der dtr. Darstellung im Josuabuch bei der Vereinigung weggefallen sei. Interessanterweise werden diese älteren Thesen heute im Zusammenhang einer vermuteten dtr. Gesamtkomposition wieder neu bedacht.

Überlieferungsgeschichte des Pentateuch

Als letztes sei hier der Versuch genannt, den Pentateuchstoff konsequent überlieferungsgeschichtlich unter Verzicht auf durchlaufende Quellen zu erklären. Dieser Versuch hat seinen Ursprung in einer grundsätzlichen Skepsis gegenüber der Literarkritik. Es wurde vermutet, dass hinter dem Pentateuch in der Hauptsache mündliche Überlieferungen, teilweise in Blöcken zusammengefasst, liegen. Damit wird u. a. ein Modell Noths aufgenommen, der stärker verschiedene Überlieferungsblöcke in den Blick nahm (Urgeschichte, Vätererzählungen, Exodus, u. a.) auf Kosten eines durchlaufenden Erzählfadens. Richtig an diesem Modell ist, dass bereits bei J bestimmte Überlieferungskomplexe klar abgegrenzt erscheinen und dahinter oft mündliche Vorstufen zu erkennen sind. Genauso richtig ist, dass die einzelnen Überlieferungselemente je unterschiedliche historische Situationen widerspiegeln, die zunächst keine fortlaufende Geschichte repräsentieren. Ob man für ihre Zusammenführung aber auf die Quellen verzichten kann, sei angefragt.

Die gegenwärtige Forschungssituation ist von großer Unübersichtlichkeit und dem Mangel an klaren, eindeutigen Kriterien geprägt. Allen neueren Anfragen gemein ist der Trend zur Spätdatierung und die Annahme einer weitreichenden Redaktionsarbeit. Allerdings beziehen sich die kritischen Anfragen an das klassische Modell immer nur auf einen Teilbereich. Dort wirken sie manchmal schlüssig. Es fehlt gegenwärtig aber an einem umfassenden, allgemein akzeptierten Konkurrenzmodell zur neueren Urkundenhypothese, das in der Lage wäre, die Entstehung des Pentateuch mit all seinen Auffälligkeiten so umfassend innerhalb eines Modells mit wenigen hypothetischen Annahmen zu erklären, wie es die neuere Urkundenhypothese kann – oder einst konnte.

5. Einzelne Überlieferungen

ätiologische Sage

Bei den Erzählungen über die Erzeltern in Gen 12–36 handelt es sich in der Regel um Einzelüberlieferungen, meist in Form der ätiologischen Sage. Sie wollen erklären, warum bestimmte Dinge in der Zeit des Erzählens so sind wie sie vorgefunden werden. Ein schönes Beispiel dafür ist die Erzählung von Jakobs Traum in Bethel Gen 28,10–22. Die Geschichte erklärt, wie es dazu kommt, dass das ehemalige El-Heiligtum (Bethel = Haus Els) nun ein Jahweheiligtum ist. Außerdem erklärt sie die Einrichtung der Zehntabgabe an den Tempeln. Solche ätiologische Sagen sind in erster Linie „story", die an der Erklärung der Gegenwart interessiert sind, nicht aber „history". Für die Rekonstruktion der Geschichte der Väterzeit sind sie nur bedingt bis gar nicht geeignet. Diese Einzelüberlieferungen wurden wahrscheinlich schon im mündlichen, vorstaatlichen Stadium in sogenannten Sagenkränzen zusammengefasst und vermitteln in dieser Form den Eindruck einer Kontinuität. Tatsächlich spiegelt sich in ihnen das Leben sehr unterschiedlicher Menschen in unterschiedlichen Siedlungsgebieten zu unterschiedlichen Zeiten wider.

Josephsgeschichte

Von ganz anderer Art als diese Sagenkränze ist die Josephsgeschichte Gen 37–50 (ohne Kap. 38, das zu 12–36 gehört). Hier wird mit Gen 37 ein Spannungsbogen aufgebaut, der erst in Gen 50 sein Ende findet. Es handelt sich um eine kunstvoll gestaltete Erzählung, die gerne als Novelle charakterisiert wird. Die Kapitel werden der israelitischen Weisheitsliteratur zugerechnet: Joseph wird als beispielhafter Weiser dargestellt, sowohl in seinem persönlichen Verhalten (nach der „Läuterung" im Gefängnis Gen 39) als auch in seinem späteren Amt, wo er die Kunst des Regierens geradezu meisterhaft ausübt. Es gibt noch einen weiteren Beleg für weisheitliches Denken: In Gen 37–50 wird Gott auffallend selten erwähnt. Trotzdem ist er der souveräne Lenker der Geschichte, wie Joseph in Gen 50,20, dem theologischen Ziel der Geschichte, feststellt.

Kontrovers diskutiert wird die Quellenfrage. Einerseits gibt es in Gen 37 und 39 eine Reihe von Doppelüberlieferungen, die kaum anders zu erklären sind, als dass der Text auf zwei Quellen aufbaut. Andererseits handelt es sich um eine ansonsten komplexe und von Widersprüchen und Doppelungen freie Erzählung mit einem klaren theologischen Profil, die nicht ohne Weiteres einer der Quellen eindeutig zugerechnet werden kann. Die Frage muss möglicherweise offen bleiben.

Rechtstexte

Eine besondere Rolle für das Leben Israels wie des heutigen Judentums spielen die Rechtsüberlieferungen des Pentateuch. Sie nehmen breiten Raum ein (fast durchgehend von Ex 20 – Lev 26, dazu Dtn 12–26), und der Begriff Thora, der ursprünglich „Weisung" bedeutet, wird später im Sinne von „Gesetz" verstanden. Dieser Bedeutung entspricht die literarische Situation: Auch wenn es sich um Überlieferungen verschiedener Zeit und Herkunft handelt, stellt die Redaktion sie alle in den Zusammenhang der Sinaioffenbarung, der zentralen Offenbarung und Willenskundgebung Gottes seinem Volk gegenüber. Hierdurch bekommen sie ihr besonderes Gewicht: Sämtliche gesetzlichen Bestimmungen gelten der Überlieferung nach als von Gott selbst gesetzt. Damit steht das AT in der Tradittion des Vorderen Orients, wonach der jeweilige Gott als Geber und Wahrer des Rechts gesehen wird, wobei in der Regel der König mit der Wahrnehmung dieser besonderen Aufgabe von Gott betraut wird (so z. B. in der Einleitung des Codex Hamurabi).

Dekalog

An der Spitze der Rechtstexte steht der Dekalog. Alle folgenden Bestimmungen werden quasi als Ausführungen dazu angesehen. Der Dekalog selbst eignet sich nicht zur Rechtsprechung. Hier werden allgemeine Normen und Werte im Verhältnis zwischen Gott und Mensch sowie für den zwischenmenschlichen Bereich formuliert. Der Dekalog hat eine längere Wachstumsphase hinter sich. Dafür sprechen die doppelte Überlieferung in Ex 20 und Dtn 5 mit einigen Variationen, die formal uneinheitliche Gestaltung in Bezug auf Ge- und Verbote sowie deren Länge und Begründung. Je nach Zählweise liegen zwischen neun und elf „Gebote" vor. In seinem literarischen Kontext in Ex 20 ist er deutlich sekundär. Der Dekalog ist somit eher eine nachträgliche Zusammenfassung der wichtigsten Rechtsgrundsätze, die dann an den Anfang der Rechtsüberlieferung gestellt wurde.

Bundesbuch

Dem Dekalog folgt in Ex 21–23 das sogenannte Bundesbuch. In ihm gibt es eine Reihe von Rechtssätzen, die der alltäglichen Rechtspraxis entstammen. Es handelt sich um „wenn –dann"-

Bestimmungen, die sich in dieser Form auch in altorientalischen Gesetzessammlungen wie etwa im babylonischen Codex Hamurabi finden. Dieses kasuistisch genannte Recht (lat.: casus = Fall) diente der Rechtsprechung in alltäglichen Konfliktfällen und ist weder spezifisch religiös noch in besonderer Weise mit Israel verbunden. Daneben gibt es im Bundesbuch, das vermutlich aus vorstaatlicher Zeit stammt (es fehlt jeder Bezug auf den Staat und seine Organe), einige andere Reihen von Rechtssätzen, die eher allgemeine Regeln formulieren, ohne auf den Einzelfall Bezug zu nehmen und die sich darum schlecht bis gar nicht zur Rechtsprechung im engeren Sinn eigneten (früher unter dem Sammelbegriff „apodiktisch" [lat. = unbedingt] zusammengefasst, z. B. Ex 22,27ff.).

Kultrecht

Breiten Raum nehmen die Kultvorschriften der Priesterschrift ein. Sie regeln das religiös-kultische Leben und sind oft jünger (z. B. Opferthora in Lev 1–7; Reinheitsthora in Lev 11–15). Besondere Bedeutung kommt dem Heiligkeitsgesetz (Lev 17–26) zu, das seinen Namen einer Bestimmung aus Lev 19,2 verdankt. In ihm sind profane und kultische Regeln aus verschiedenen Bereichen gesammelt und unter das Thema der „Heiligkeit" des Gottesvolkes gestellt. Das Heiligkeitsgesetz gibt als Ziel aller Bestimmungen die besondere Reinheit des Gottesvolkes an, die seiner hervorgehobenen Stellung vor Gott entspricht.

Fragen:

Fragen

1. Verschaffen Sie sich einen bibelkundlichen Überblick über den Pentateuch.
2. Können Sie die neuere Urkundenhypothese beschreiben – auf welche Probleme versucht sie zu antworten?
3. Wo liegen die heutigen Probleme der Pentateuchüberlieferung?

2.2 Propheten

1. Prophetie im Alten Testament

Etymologie des Wortes „Prophet“

Unser Wort Prophet geht auf das griechische Verb „prophämi“ zurück, das eher „öffentlich verkündigen“ als „vorhersagen, wahrsagen“ bedeutet. Der dazu gehörende hebräische Begriff „Nabi“ ist vermutlich eine Passivbildung und bedeutet soviel wie der „Berufene“. Unter diesem Begriff werden in der Spätzeit des AT alle möglichen Erscheinungsformen paranormaler Fähigkeiten zusammengefasst. In den älteren Texten tritt uns ein differenziertes Bild entgegen. Ein früher Typ ist der „Seher“ (hebr.: chosäh). Dazu gehört etwa der Nichtisraelit Bileam oder auch Samuel in 1 Sam 9,1–10,16. Religionsgeschichtlich handelt es sich dabei um eine Art Mantiker (griech.: manteuo = bewirken). Das sind also hellsichtige Menschen mit besonderen Fähigkeiten, Dinge oder Situationen zu sehen, die anderen verborgen bleiben. Ein schönes Beispiel sind die verlorenen Eselinnen in 1 Sam 9,1ff. In 1 Sam 19,18–24 wird Samuel einem anderen prophetischen Typus zugerechnet, den Gruppenpropheten. Prominentestes Beispiel für diesen Typ ist Elisa. Es handelt sich bei den Gruppen vermutlich um zeitweise zusammentretende Gemeinschaften, die u. a. ekstatische Übungen veranstalten. In der frühen Königszeit treten Propheten im Umkreis des Hofes auf. Sie nehmen hier so etwas wie eine Beraterfunktion wahr. Da Leben in dieser Zeit nicht ohne religiösen Bezug möglich ist, spielen religiöse Funktionsträger im Umfeld des Hofes eine große Rolle. Ähnlich treten die Berufspropheten auf, die Ratsuchenden an den Tempeln Auskünfte erteilen und vor allem Fürbitte leisten. Wie die Bezeichnung schon verrät, müssen diese Propheten von ihrer Tätigkeit leben, was zu Problemen im Blick auf ihre Unabhängigkeit führen kann.

Schriftprophetie

Von all diesen Typen sind die Schriftpropheten zu unterscheiden. Bei ihnen handelt es sich um unabhängige Persönlichkeiten, die sich in ihrer subjektiven Wahrnehmung – etwas anderes ist uns nicht überliefert – als von Gott unmittelbar berufen erleben (vgl. z. B. Am 7,14). Kennzeichnend für sie ist, dass sie den Auftrag Gottes in der Regel nur widerwillig akzeptieren und unter seiner Ausführung leiden. Oft treten diese Propheten den Herrschenden und auch dem Volk als Ganzem kritisch gegenüber – leben konnten sie von dieser Tätigkeit, anders als die Berufspropheten, nicht. Gewisse Vorbilder für diese kritische Prophetie finden sich bei den Propheten in Mari, einem Stadtstaat auf dem Gebiet des heutigen Syrien, im 18. Jh. v. Chr.

Nebiim

In der Phase der Kanonisierung wurden alle prophetischen Überlieferungen zusammengefasst und in vordere und hintere Propheten eingeteilt. Die vorderen Propheten umfassen die Bücher Jos bis 2 Kön, in denen häufig prophetische Gestalten auftreten und die Handlung bestimmen. Bei den hinteren Propheten handelt es sich um eigenständige Prophetenbücher. Durchgesetzt haben sich auch die Begriffe Vorschriftprophetie und Schriftprophetie. Die Schriftprophetie lässt sich grob in drei Phasen einteilen. Vorexilisch ist ihre Verkündigung von der Gerichtsansage bestimmt. In der Exilszeit begegnet uns im Wesentlichen Heilsprophetie. Die nachexilische Phase zeigt dann beide Phänomene nebeneinander.

Die Schriftpropheten beziehen sich mit ihrer Botschaft unmittelbar auf die geschichtlichen Ereignisse. Sie sind weniger Wahrsager oder Ratgeber als vielmehr Interpreten der Geschichte und Verkünder des Gotteswillens. Meist wird angenommen, dass sie die Grundzüge ihrer Aussagen als von Gott selbst empfangen erlebt haben – die Gründe für die Zukunftsansage formulieren die Propheten selbst auf dem Hintergrund einer gründlichen Beobachtung der sozialen, religiösen und politischen Verhältnisse ihrer Zeit. Sehr schön lässt sich das bei Amos beobachten. In mehreren Visionen erfährt er von Gott, dass das Gottesgericht kommt und unausweichlich ist (Am 7; 8). Die Begründungen dafür entwickelt Amos selbst auf dem Hintergrund der religiösen Traditionen Israels, die er mit seiner Gegenwart in Kontrast setzt.

Struktur eines Prophetenbuches

Am Anfang eines Prophetenbuches stehen in der Regel mündliche Äußerungen des Propheten. Entweder er selbst oder seine Anhänger bzw. Schüler sammeln sie und stellen sie zu ersten kleineren Einheiten zusammen. Später werden diese Einheiten redaktionell verbunden. Dabei wird die prophetische

Botschaft oft fortgeschrieben, interpretiert und auf die jeweilige neue geschichtliche Situation hin ausgelegt. Am Ende steht jedenfalls ein Buch, das durch mehrere Hände gegangen und dabei gewachsen ist. Dieses will natürlich auch als Ganzes wahrgenommen und nicht nur danach befragt werden, was denn „echt“ im Sinne von ursprünglich an ihm sei. So interessant diese Frage auch ist, da sie anders als die anonymen Redaktionen das Bild einer prophetischen Persönlichkeit entstehen lässt, so verkürzt sie doch die Botschaft der prophetischen Bücher insgesamt. Dass die Bücher als Ganzes gesehen und interpretiert werden wollen, zeigt auch das häufig anzutreffende Aufbauschema: Unheil für Israel – (Unheil für fremde Völker) – Heil für Israel, das sogenannte drei– bzw. zweigliedrige eschatologische (griech.: Eschaton = Ende) Schema.

prophetische Redeform

Die Propheten bedienen sich bei ihrem Auftreten oft geprägter Formen, die aus anderen Zusammenhängen entlehnt sind und der Verdeutlichung ihrer Botschaft dienen. Das gilt vor allem für kürzere Sentenzen und kleinere Einheiten. Die Zukunftsansage als Gerichtswort ist in der Regel mit einer Begründung versehen. Ihre Form ist in gewissen Grenzen variabel. Eindeutig erkennbar ist der Weheruf, so etwa Jes 5,8ff. („Wehe denen, die ... tun“). In der Anrede – im Hebräischen partizipial formuliert – steckt gleichzeitig die Anklage. Der Weheruf stammt wahrscheinlich aus der Totenklage. Eindeutig in diesen Kontext gehört das Leichenlied (etwa Am 5,2). Daneben finden sich Disputationsworte und Mahnworte. Zur Beglaubigung ihrer Botschaft bedienen sich die Propheten der aus dem profanen Bereich stammenden Botenspruchformel „So spricht der Herr“ (abgewandelt: „Spruch des Herrn“). Mit dieser Formel wird eine Situation hergestellt, in der für die Adressaten der Auftraggeber selbst spricht.

Unter den größeren Einheiten sind die Visionsschilderungen zu nennen, die meist in Form eines Ich-Berichts formuliert sind. Neben den Ich-Berichten gibt es bei einigen Propheten umfangreiche Fremd-Berichte, die vermutlich auf die Schüler der Propheten zurückgehen, wobei die prophetischen Zeichenhandlungen besonders hervorzuheben sind (s. u. zu Jeremia).

Dass es bei der Bekanntgabe des Gotteswillens an die Propheten nicht nur um das reine Hören geht, belegt die Einleitungsformel „Das Wort des Herrn geschah zu mir …". Dieses Geschehen ist wörtlich zu nehmen. Die Propheten hören nicht nur, sondern sie nehmen Gott mit ihrer gesamten Existenz und mit allen Sinnen wahr.

2. Das deuteronomistische Geschichtswerk – Die Bücher Josua, Richter, Samuel, Könige

Grundthese und Theologie des Dtr

1943 veröffentlichte Martin Noth ein Buch mit dem unscheinbaren Titel „Überlieferungsgeschichtliche Studien". Darin entwickelte er u. a. die These von der Existenz des Deuteronomistischen Geschichtswerks (= DtrG). Die Bücher Josua, Richter, Samuel und Könige, in denen die Geschichte Israels von der Landnahme bis zum Ende des Staates Juda 587 v. Chr. dargestellt wird, bilden danach ein einheitliches literarisches Werk; die Trennung in einzelne Bücher ist demgegenüber sekundär. Der Verfasser des DtrG, der nach Noth zur Exilszeit in Israel, möglicherweise in Mizpa lebte, bedient sich umfangreichen Quellenmaterials. Dieses wird von ihm verbunden und mit redaktionellen Kommentaren sowie längeren Überleitungen, oft in Form von Reden, versehen. Vor allem in diesen Partien tritt die Theologie des Dtr zutage. Sie ist orientiert an den theologischen Grundaussagen des Deuteronomium (daher die Bezeichnung „deuteronomistisch"), das nach Noth ursprünglich nicht zum Pentateuch gehörte (dazu siehe dort), sondern die Einleitung zum DtrG bildete. Vor allem die Alleinverehrung Jahwes (Dtn 6) und die Zentralisation des Kultes (Dtn 12) stehen im Zentrum dieser Theologie. Sie werden zu Hauptkriterien bei der Beurteilung der Geschichte Israels. Und genau darum geht es, Noth zufolge, dem Verfasser: Das DtrG verfolgt die Absicht, die Katastrophe Israels und Judas theologisch als Folge der fortschreitenden Verschuldung des Volkes gegenüber Jahwe darzustellen. Es will so eine Begründung für die Katastrophe geben und damit zur Bewältigung dieser tiefgreifenden Krise beitragen. Hinter diesem Geschichtsverständnis steht neben dem Dtn auch die prophetische Überlieferung der Gerichtsprophetie (s. u.).

Unklar ist, ob das DtrG Raum für Hoffnung lässt. Angedeutet wird eine mögliche Zukunft jenseits des Gerichts durch das Ende in 2 Kön 25. Dort wird als Letztes von der Begnadigung des judäischen Königs Jojachin durch die Babylonier erzählt. Darüber hinaus ist es schwer vorstellbar, dass in dieser Zeit ein solch großes Unternehmen wie das DtrG allein zum Zweck der Vergangenheitsbewältigung geschrieben sein soll. Und schließlich: Steckt nicht in jeder Vergangenheitsbewältigung auch ein Impuls für die Neugestaltung einer – besseren – Zukunft?

Etwas unscharf ist die Rolle des Dtr in literarischer Hinsicht. Handelt es sich bei ihm um einen Autor im eigentlichen Sinn oder ist er viel mehr Redaktor, der vorgegebenes Material zusammenfügt? Angesichts der pointierten theologischen Vorstellungen liegt es nahe, trotz des vielen Quellenmaterials die gestalterische Kraft in den Vordergrund zu stellen.

Ob und wie weit das DtrG als Geschichtsquelle taugt, ist heftig umstritten. Dabei geht es einmal um die Frage nach dem Alter der jeweiligen Quellen, die unterschiedlich beantwortet wird. Und zum anderen geht es um die Frage, was und wie viel letztendlich auf das Konto des Deuteronomisten geht. Hier ist saubere exegetische Arbeit dringend angezeigt.

Weiterführung von Noths These

Noths These hat sich im Grundsatz bis heute durchgesetzt. Sie hat allerdings verschiedene Modifikationen erfahren und wird gelegentlich auch komplett in Frage gestellt. So hat Frank M. Cross die These einer zweistufigen Redaktion („Blockmodell") aufgestellt. Die ältere Schicht habe bis 2 Kön 17 gereicht, die nachfolgende Darstellung der Geschichte Judas gehe dagegen auf eine zweite dtr. Bearbeitung zurück. Cross' These hat sich nur bei wenigen Forschern durchgesetzt. Die wichtigste Weiterentwicklung der Entdeckung Noths ist das sogenannte „Göttinger Modell". Der Göttinger Alttestamentler Rudolf Smend beobachtete zunächst im Richterbuch Spannungen innerhalb der von Noth für deuteronomistisch gehaltenen Texte. Er entwickelte daraus die These einer sekundären dtr. Bearbeitung, die vor allem an der Beobachtung des Gesetzes interessiert war. Die Schicht nannte er DtrN (N = Nomist), die dtr. Grundschicht DtrH (H = Historiker). Sein Schüler Timo Veijola hat diese Beobachtungen aufgenommen und weitergeführt. Ein weiterer Schüler Smends, Walter Dietrich, hat dann eine dritte redaktionelle Schicht herausgearbeitet, die er wegen der prophetische Überlieferungen DtrP (P = Prophet) nannte. So entstand ein dreistufiges Modell. Das grundlegende Werk stammt von DtrH, der vor allem den Geschichtsverlauf darstellt. Diese Grundlage wird von den beiden anderen Dtr entsprechend redaktionell bearbeitet.

Forschungslage

Dieses Modell hat vielfache Beachtung gefunden und galt bald als unumstößlich. Nachdem einmal die Tür zur Arbeit an der Grundthese Noths aufgetan war, gab es in der Folgezeit Versuche, die dtr. Texte noch weiter zu differenzieren. Dabei ist eine Tendenz festzustellen, wonach immer weniger altes Material verarbeitet worden sein soll und der Redaktionsprozess immer differenzierter und die einzelnen Redaktionsstufen immer später datiert werden. Darüber hinaus werden heute dtr. Einflüsse auf weitere Texte des AT, vor allem auf den Pentateuch und die Propheten, angenommen, sodass man fast von einem Pan-Deuteronomismus sprechen kann. So hat sich eine Situation ergeben, in der die ursprünglichen Kriterien kaum noch handhabbar sind und der Eindruck einer gewissen Willkür entstanden ist bis dahin, dass auch die Grundthese Noths aufgegeben wird. Auf der anderen Seite kehrt man z. T. auch wieder zum Ausgangspunkt zurück. Natürlich wird man kaum, wie Noth das annahm, von einem einzigen Deuteronomisten in einem begrenzten Zeitfenster ausgehen können. Eher ist zu denken an eine dtr. Schule, die aber in der Exilszeit anzusetzen sein wird. Die auffällige Nennung von Mizpa könnte auf den Entstehungsort hindeuten. Hier war das Zentrum des exilischen Israel. Dass dem Werk auch spätere, nachdtr. Zusätze zugewachsen sind, lässt sich kaum bestreiten. Fraglich ist aber, ob man solche Zusätze immer genau theologisch klassifizieren und datieren kann. So bleibt m. E. die Ausgangsthese Noths in modifizierter Form als Arbeitshypothese bei der Auslegung der betreffenden Texte in Geltung.

Josua

Die Kapitel 1–12 des Buches Josua erzählen von der Landnahme der Israeliten. Bei genauerem Hinsehen zeigt sich aber, dass die Geschichten im Wesentlichen im Gebiet des späteren Stammes Benjamin spielen. Vermutlich liegen in diesen Kapiteln einzelne ätiologische Erzählungen vor, die von der teilweise kriegerischen Eroberung dieses Landesteils erzählen. Ob es unter diesen Erzählungen bereits vordtr. Verbindungen gab, ist umstritten und lässt sich in der Tat nicht sicher sagen. Allerdings ist es auch unwahrscheinlich, dass solche Erzählungen mehrere Jahrhunderte hindurch als kleine Einheiten unabhängig voneinander existiert haben und tradiert worden sind.

Sichereres Terrain betritt man mit den Kapiteln 13–22. Hier wird summarisch die Landverteilung unter den Stämmen festgehalten. Diese fiktive, listenartige Überlieferung geht vermutlich auf aus der Königszeit stammende Listen zurück, nämlich auf eine Grenzbeschreibung der westjordanischen Stämme sowie auf eine judäische Ortsliste. Beide Listen sind erst durch die Dtr an ihren heutigen Platz gekommen.

Mit Jos 23–24 schließen die Dtr die Zeit der Landnahme ab. Ob die beiden Kapitel auf verschiedene dtr. Hände zurückgehen oder ob hinter Jos 24 ältere Überlieferungen stehen, ist umstritten. Sicher ist, dass die Dtr eine Epoche als abgeschlossen betrachten und mit Jos 24,15 das Motto für die Folgezeit vorgeben.

Richter

Auch dem Richterbuch liegen unterschiedliche Überlieferungen zugrunde. Gleich zu Anfang findet sich das sog. „negative Besitzverzeichnis", eine Liste von Städten, die die Israeliten zunächst nicht erobern konnten. Galt die Liste in der Forschung lange als sehr alt, wird dieses hohe Alter heute gelegentlich – eher zu Unrecht – bestritten. Nach einer dtr. Einleitung der Richterzeit (2,6–3,6) werden verschiedene Geschichten über die Selbstbehauptung der Stämme bzw. Stämmekoalitionen in der kanaanäischen Umwelt zwischen 1200–1000 v. Chr. erzählt. Diese „Richtergeschichten" lagen vermutlich bereits vordtr. als Zusammenhang vor. Eine sehr alte Überlieferung dürfte die Liste der sogenannten „kleinen Richter" in 10,1–5; 12,7–15 sein. Da Jephta sowohl zu den Amtsträgern dieser Liste als auch zu den charismatischen Heerführern der Richterzeit gehörte, wurde der Begriff Richter (hebr.: Schophet) von den Männern der Liste auf die Helden der Erzählungen übertragen.

Schwieriger einzuordnen sind die Überlieferungen des zweiten Teils des Buches. So erzählen die Simson-Geschichten (13–16) teilweise Skurriles; eine zeitliche Einordnung fällt schwer. Besser lässt sich die Überlieferung von der missglückten Landnahme des Stammes Dan (17–18) verorten. Hier scheint eher altes Material verarbeitet. Dunkel bleibt der Hintergrund der Kap. 19–21, die von M. Noth zur Stützung seiner Amphiktyonie-Hypothese herangezogen wurden, heute jedoch eher für jung gehalten werden. Auch wenn das Richterbuch später von den Samuelbüchern abgetrennt wurde, reicht die dtr. Darstellung der Richterzeit bis 1 Sam 7 bzw. 1 Sam 12.

Samuel

Mit den Samuelbüchern kommen wir in den Bereich der Königszeit. Hier wird die Quellenlage sicherer, denn mit dem Königtum beginnt auch die schriftliche Phase der Überlieferung Israels. In 1 Sam 1–3 bedienen sich die Dtr für ihre Darstellung der Jugendgeschichte Samuels, gefolgt von der sogenannten Ladeerzählung in 1 Sam 4–6; 2 Sam 6, die über das wechselvolle Schicksal der Lade, des alten transportablen Kriegsheiligtums erzählt. Gelegentlich wird die Zugehörigkeit von 2 Sam 6 zur Ladeerzählung bestritten.

Die königsfreundlichen Abschnitte in 1 Sam 7–12 gehen vermutlich auf eine ältere Sammlung von Saulerzählungen zurück. Die königskritischen Partien in diesen Kapiteln werden meist den Dtr zugeordnet. Auch in 1 Sam 13–15 haben die Dtr Überlieferungen von Sauls Königtum verarbeitet. Möglicherweise liegen hier alte Erzählungen von einer Gegnerschaft Samuels und Sauls vor. Immerhin scheint Samuel als letzter Richter (1 Sam 7,15–17; 25,1 waren vermutlich die letzten Elemente der Richterliste aus Ri 10; 12) kaum ein Interesse an der Errichtung eines Königtums als Konkurrenz zur vorstaatlichen Ordnung gehabt zu haben. 1 Sam 12, die Abschiedsrede Samuels, ist dtr. gestaltet. Hier setzen die Dtr den Schlusspunkt der Richterzeit.

Mit 1 Sam 16–2 Sam 6 und 2 Sam 9–1 Kön 2 (der Anfang ist hier umstritten; 2 Sam 21–24 bieten einige Nachträge) liegen zwei große Erzählzusammenhänge vor. Es handelt sich um die „Aufstiegsgeschichte Davids“ und die „Thronfolgeerzählung“. Auch wenn in der Forschung gelegentlich das Alter der Erzählungen angezweifelt wird, dürften sie doch eher in die Salomozeit als in eine spätere Periode gehören. Diskutiert wird auch die Intention beider Werke. Da beide Erzählungen nicht mit Kritik an ihren Helden sparen, wird immer wieder erwogen, sie eher königskritisch einzustufen und nicht, wie mehrheitlich vertreten, pro-davidisch bzw. pro-salomonisch. Es zeichnet die biblische Überlieferung generell aus, dass sie auch bei insgesamt positiven Darstellungen keinen verklärten Blick für die Wirklichkeit bietet. Sie stellt Menschen vielmehr so dar, wie sie tatsächlich sind – mit ihren Fehlern und Schwächen. Dies wird bei David, in dessen Person der Ausgangspunkt der späteren Messiaserwartung liegt (2 Sam 7), besonders deutlich.

Könige

Die Königebücher werden eröffnet durch die Geschichte Salomos in 1 Kön 3–11. Diese erzählt von der Herrschaft Salomos und stellt ihn vor allem als weisen König heraus, wobei sich Weisheit hier u. a. auf die Kunst des Regierens bezieht. Die Geschichte dürfte aus dem Umfeld des Königshofes stammen. Ein Höhepunkt der Darstellung ist die Einweihung des salomonischen Tempels. Die Dtr kommentieren dieses Ereignis in dem von ihnen formulierten Tempelweihgebet (1 Kön 8), wobei kultische Handlungen im Detail für sie weder hier noch an anderer Stelle von Interesse sind. Für die weitere Darstellung benutzen die Dtr dann die „Tagebücher der Könige von Israel und Juda" sowie eine entsprechende synchronistische Chronologie.

Elia und Elisa

In der Überlieferung spielen Propheten eine große Rolle, so vor allem Elia und Elisa, deren Geschichten einen breiten Raum einnehmen und die theologisch mit dem Elohisten (s. o.) sowie mit dem etwas späteren Propheten Hosea verwandt sind. In den Elia-Geschichten geht es vor allem um die Verteidigung des Jahweglaubens gegen kanaanäische Einflüsse, wie sie in dieser Zeit vom regierenden Haus Omri in Israel zugelassen und teilweise gefördert werden. Elisa als Haupt einer Prophetengruppe ist dagegen eher als Wundertäter interessant, der sich aber auch aktiv in die Politik einmischt.

dtr. Redaktion

In den Königebüchern haben die Dtr ihre Spuren vor allem in den Einleitungen und Schlussbemerkungen zu den einzelnen Königen hinterlassen. Sie verteilen „Noten". Dabei ist das Kriterium stets die Frage der „reinen" Jahweverehrung. Ein Prüfstein ist für sie die sogenannte „Sünde Jerobeams". Jerobeam I. hatte in Bethel und Dan je ein goldenes Stierbild als Thron für den unsichtbar vorgestellten Gott Jahwe aufstellen lassen (1 Kön 12). Den späteren Dtr galt diese Maßnahme – die Stierbilder hatten sich im Bewusstsein der Gläubigen z. T. verselbstständigt – als Abfall vom 1. Gebot und widersprach zentralen Glaubensvorstellungen. So wurden sämtliche Könige des Nordreichs und z. T. auch Judas entsprechend negativ beurteilt. Eine Spitzenposition nimmt dabei der israelitische König Ahab ein. Dessen militärische und politische Erfolge werden verschwiegen; statt dessen wird seine Religionspolitik, die auf Ausgleich zwischen Kanaan und Israel zielte, deutlich kritisiert (2 Kön 16,29–33). Insgesamt sind die Dtr bei ihrer Darstellung der Königszeit mehr an einer theologischen Deutung als am tatsächlichen Geschichtsverlauf interessiert.

Periodisierung

Unabhängig davon, wie die Entstehungsgeschichte des DtrG im Einzelnen vor sich gegangen ist, ergibt sich eine relativ klare Struktur und theologische Grundausrichtung. Mit Jos 23 und 24 kommt die Landnahme an ihr Ende. Die Zeit gilt den Dtr als relativ unbelastet. Ähnlich urteilt auch Hosea, dem die Dtr theologisch nahe stehen. In Ri 2,6–3,6 entwickeln sie ihre Sicht der Richterzeit, der Zeit der Konsolidierung im Land. Es ist eine Zeit von wiederholtem Abfall und Hinwendung zu Jahwe nach gleichem Schema: Abfall von Gott – Auslieferung an die Feinde – Hilferuf zu Gott – Entsendung eines Retters – 40-jährige Ruhezeit. Diese Periode, in der Israel letztendlich ganz auf Jahwes Hilfe setzt, ist mit der Errichtung des Königtums zu Ende. Das Königtum wird nach Dtr von Jahwe zwar zugestanden, aber eben nur als zweitbeste Lösung. Grundsätzlich offenbart sich hierin ein Vertrauensverlust des Volkes in die Hilfe Jahwes. Dennoch bietet auch das Königtum eine Chance: Wenn König und Volk sich zu Jahwe halten, steht ihnen eine sichere Zukunft bevor (1 Sam 12). Aber genau das Gegenteil ist der Fall. Die Dtr beschreiben die Königszeit als Zeit eines stetigen Abfalls. Zwar gibt es retardierende Momente (Hiskia, Josia), aber die Katastrophe ist nicht mehr aufzuhalten. Sie gilt den Dtr als selbstverschuldet (2 Kön 17), wobei sie die Ankündigungen der Gerichtspropheten aufnehmen und verarbeiten.

3. Jesaja

Es gehört zu den ältesten und am meisten gesicherten Erkenntnissen der atl. Wissenschaft, dass das Buch Jesaja aus drei ursprünglich selbstständigen Teilen besteht, von denen nur der erste Teil (Jes 1–39) mit dem Propheten Jesaja in Zusammenhang steht. Die Kap. 40–55 sowie 56–66 wurden erst später an diesen ersten Teil angefügt. Dabei ging ihre Überschrift verloren, sofern es je eine namentliche Zuweisung zu einem Propheten gegeben hat. So werden die beiden Teile in der Forschung als Deutero- (griech.: zwei) und Tritojesaja (griech.: drei) bezeichnet.

Abgrenzung von Jesaja 40ff.

Die Abgrenzung von Jes 40ff. erfolgte bereits Ende des 18.Jh. n. Chr. Die Gründe dafür sind offensichtlich. Das alte Jesajabuch endet mit einem geschichtlichen Nachtrag (36–39), der eine Parallele in 2 Kön 18–20 hat. 40,1 ist dagegen ein völliger Neuanfang. In den ersten Versen findet sich eine Art Berufungsbericht des Propheten. Der Ton ist deutlich anders. In 1–39 herrscht das Gerichtswort vor, das man in 40–55 vergeblich sucht. Stattdessen ist gleich zu Anfang von Trost die Rede, und diese Heilsbotschaft zieht sich wie ein roter Faden durch das Buch. Deutlich anders ist auch die geschichtliche Situation. In 1–39 sind die Assyrer die Gegner Israels, in 40–55 ist es Babylonien. Und schließlich kennt das Buch den Perserkönig Kyros, der sogar als „Gesalbter Gottes" bezeichnet wird. Das alles weist klar in die Exilszeit, in der dieser ansonsten unbekannte Prophet lebt. Unter literarischen Gesichtspunkten bilden die Kap. 40 und 55 den Rahmen des Buches. In ihnen geht es um die Wirksamkeit des Gotteswortes.

Seit dem Ende des 19. Jh. n. Chr. werden außerdem die Kap. 56–66 von Deuterojesaja abgetrennt und als eigenständige Größe betrachtet. Anders als dort findet sich hier eine Mischung aus Heils- und Gerichtsworten. Die historische Situation ist noch einmal verändert – das Buch weist in die nachexilische Zeit und hier nach Juda und nicht ins babylonische Exil. Dass beide Schriften an das Buch Jesaja angefügt wurden und nun mit der Autorität Jesajas verbunden sind, hat seine Gründe. Denn die drei Teile zeigen bei allen Differenzen auch Gemeinsamkeiten. So spielt der souveräne Gott als „Heiliger Israels" eine entscheidende Rolle, und der Zion hat für alle Teile eine große Bedeutung. Auch ziehen sich Themen wie „Heil" und „Gerechtigkeit" durch alle Teile.

Protojesaja

Im Blick auf die Entstehung von Protojesaja lässt sich relativ sicher sagen, dass die sogenannte Jesajaapokalypse 24–27 sowie die Heilsworte in 33–35 relativ spät zugefügt wurden, ebenso wie der geschichtliche Anhang in 36–39, der 2 Kön 18–20 entlehnt ist. Auch bei den Fremdvölkersprüchen in 13–23 geht man eher von jüngeren Verhältnissen aus, allerdings dürften sich hier auch originale Jesajaworte finden. Problematischer stellt sich für die Forschung der Rest dar. Je nachdem werden mehr oder weniger Anteile in 1–12; 28–32 Jesaja selbst zugeschrieben. Das gilt vor allem für die sogenannte Denkschrift in 6,1–9,6, die den Kern der jesajanischen Botschaft bildet, und den assyrischen Zyklus 28–32. Jedoch dürften auch andere Teile in 1–12 auf Jesaja zurückgehen, so vor allem das Weinberglied 5,1–7 und größere Teile von Kap. 1 und 2–4; 5,8ff. Im Einzelnen ist die Frage nach der Authentizität nicht immer eindeutig zu klären. Je nach Vorgehensweise und genereller exegetischer Ausrichtung ergeben sich unterschiedliche Antworten.

Person des Propheten

Vorausgesetzt die Kap. 1–12 enthalten viel zeitgenössisches Gut, sind wir über die Person des Propheten relativ gut unterrichtet. Er tritt auf zwischen 736 und 701 v. Chr. Der Beginn seines Wirkens ist nicht unumstritten – hier stehen Probleme der Chronologie im Hintergrund. 701 v. Chr. ist das letzte sicher datierbare Auftreten. Er ist damit ein Zeitgenosse Michas, der ebenfalls in Juda auftritt, allerdings auf dem Land. Jesaja wirkt in Jerusalem; er scheint zur Oberschicht der Stadt zu gehören, da er direkten Zugang zum Königshof hat und über eine entsprechende Bildung verfügt. Er ist verheiratet mit einer „Prophetin", die anders als er selbst dem Berufsprophetentum zuzurechnen sein wird. Zwei Kinder sind erwähnt, die beide Symbolnamen tragen und in die Botschaft ihres Vaters eingebunden sind. Stellt man die lange Wirksamkeit dem Umfang der Überlieferung gegenüber, wird schnell klar, dass kaum alles, was Jesaja gesagt und getan hat, überliefert ist. Seine Wirksamkeit lässt sich in vier Perioden einteilen: 1. Die Zeit vor 733 v. Chr., der ersten Eroberung des Nordreichs, die sogenannte Frühzeitverkündigung; 2. Der sogenannte syrisch-ephraimitische Krieg (733); 3. Die Zeit verschiedener Aufstände gegen Assur zwischen 713 und 711; 4. Belagerung Jerusalems (701).

Botschaft Jesajas

Jesaja mischt sich – wie auch andere Propheten – mit deutlichen Worten und im Bewusstsein seiner Berufung durch Jahwe in die aktuelle Politik ein. Dabei bringt er seine Beobachtungen der Tagespolitik mit der entsprechenden Gotteserkenntnis zusammen. Im sogenannten syrisch-ephraimitischen Krieg rät er dem König, nichts zu unternehmen und auf die Hilfe Jahwes zu vertrauen. Ahas folgt dem nicht, sondern ruft Assur zur Hilfe, ein verhängnisvoller Irrtum. Später rät Jesaja in ähnlicher Weise dem König Hiskia ab, sich an Aufständen gegen Assur zu beteiligen und dabei auf ausländische Hilfe, vor allem auf Ägypten, zu hoffen. Beiden Ratschlägen liegt sowohl das Vertrauen auf Gott als auch eine richtige Einschätzung der tatsächlichen politischen Verhältnisse zugrunde. In beiden Fällen geht sein Rat ins Leere – die Erfolglosigkeit wird später theologisch als „Verstockung" der Könige durch Gott selbst gedeutet.

Ähnlich wie Micha und vor ihm Amos kritisiert Jesaja die sozialen Missstände seiner Zeit. Vor allem richtet er sich gegen die Konzentration der wirtschaftlichen Macht in den Händen weniger bei gleichzeitig steigender Armut für weite Teile der Bevölkerung, eine Entwicklung, die das 8. Jh. v. Chr. kennzeichnet. Fehlendes soziales Bewusstsein kontrastiert Jesaja mit der Gottesdienstfrömmigkeit und übt so grundsätzliche Kritik am Kult. Zur Frömmigkeit gehört bei Jesaja unbedingt entsprechendes Sozialverhalten. Dabei ist Frömmigkeit für ihn vor allem Vertrauen in Gott; das ist schließlich auch sein Kritikpunkt im politischen Bereich. Letztlich ist der falsche Glaube, dem es an Vertrauen mangelt und der gleichzeitig zu selbstgewiss ist, Grund für sämtliche Verfehlungen in allen Bereichen menschlichen Lebens; ähnlich betont es später Luther. So steht für Jesaja die Souveränität Gottes im Vordergrund, die sich im Begriff der „Heiligkeit" ausdrückt. In der Berufungsvision in Kap. 6 wurde sie für ihn erfahrbar, hat ihn angetrieben und danach nicht mehr losgelassen.

Deuterojesaja Anders als Protojesaja lässt sich Deuterojesaja schlecht oder gar nicht gliedern. Allenfalls kann man zwischen 40–48 und 49–55 unterscheiden. Nur im ersten Teil ist von Kyros und Babylon die Rede; der zweite Teil hingegen steht ganz unter dem Thema der Heilswende und der Rückkehr nach Jerusalem. Klar erkennbar ist ein Rahmen in 40,1–11 und 55,6–13, in dem es um die Wirksamkeit des Gotteswortes geht. Dass es in Dtjes sekundäres Material gibt, ist unbestritten. Lediglich der Umfang steht zur Diskussion. Sicher scheint die Götzenpolemik später zu sein, ebenso wie der wiederholte Ruf zur Umkehr. Teilweise wurde angenommen, nur in 40–48 sei dtjes Gut vorhanden. Durchgesetzt hat sich diese Vermutung nicht. Dagegen wird man die Gottesknechtslieder (s. u.) ebenso wie den Rahmen vermutlich einer späteren Schicht zuweisen dürfen.

Entstehungszeit Die Grundschicht des Buches ist im babylonischen Exil entstanden, in der Zeit zwischen 550–540 v. Chr. Dtjes weiß von den Anfangserfolgen des persischen Königs Kyros. Allerdings scheint die Eroberung Babylons 539 v. Chr. noch auszustehen. Denn Dtjes rechnet mit einer gewaltsamen Eroberung und Zerstörung Babylons. Das ist aber nicht geschehen. Die Stadt ist von der Bevölkerung übergeben und deshalb nicht zerstört worden. Da die Exilierten die Adressaten der Grundbotschaft sind, ist mit einer Entstehung in diesem Milieu zu rechnen.

Abgesehen von dieser relativ sicheren Datierung ist über die hinter dem Siglum Dtjes stehende Person kaum etwas bekannt. Es handelt sich um einen Propheten, der in der Tradition Jesajas steht und im Exil auftritt. Sollten die Gottesknechtslieder das Schicksal des Propheten im Blick haben, wird das Bild etwas schärfer.

Botschaft von Dtjes So wenig wir über die Person Dtjes wissen, so bedeutsam ist seine Botschaft (vor allem auch für das Christentum) geworden. Er wird mitunter als der „Evangelist des Alten Testaments" bezeichnet. Und in der Tat findet sich bei Dtjes wie sonst nirgends eine durchgehende Heilsbotschaft für Israel. Zur Begründung des kommenden Heils setzt Dtjes nicht mehr auf die Erfahrungen aus der Geschichte Israels, sondern auf die Schöpfung. Die geschichtlichen Erfahrungen sind spätestens mit dem Exil brüchig geworden. So bedarf es einer neuen Begründung für Gottes Heilshandeln. Darum ist Gott bei Dtjes nicht mehr vorrangig der in der Geschichte Handelnde und Erfahrbare, sondern vor allem der Schöpfer (z. B. 43,1). So sehr Dtjes Gottes Heilshandeln mit der Schöpfung begründet, so sehr sind seine Erwartungen wieder geschichtlicher Natur: Kyros gilt als der „Gesalbte" (= Messias) Gottes, die Davidverheißung gilt dem Volk. Dtjes erwartet einen neuen Exodus unter der Führung Gottes. Kyros und die Völker werden zu Werkzeugen des Gottes Israels, durch die er seinen Heilsplan verwirklicht.

Monotheismus als Novum in der Theologie Israels

Voraussetzung für dieses Denken ist ein Novum in der Theologie Israels. Gott ist nicht länger der partikulare Gott Israels, sondern als Schöpfer Herr über die ganze Welt und ihre Völker. Dieser Schritt weg von der Monolatrie (= Alleinverehrung; monos: griech. = allein; latreuo: griech. = dienen) hin zum Monotheismus ist gleichsam der Quantensprung der israelitischen Theologie, wenn nicht der Religionsgeschichte überhaupt. War der Monotheismus durch den bisherigen Glauben vorbereitet, so wird er jetzt in der Krise Israels zum Schlüssel für das Tor in die Zukunft.

Mit seiner Botschaft ist Dtjes anscheinend auch auf Widerstand gestoßen. So finden sich Disputationsworte, die eine Auseinandersetzung mit Kritikern widerspiegeln. In diesen Zusammenhang gehören die Gerichtsreden zwischen Jahwe und den Völkern (z. B. 41,1–5) sowie zwischen Jahwe und Israel (z. B. 43,22–28).

Gottesknechtslieder

Besondere Beachtung verdienen die Gottesknechtslieder in 42,1–4; 49,1–6; 50,4–9; 52,13–53,12. Sie erzählen von der Erwählung des „Knechts" durch Gott, von seiner Präsentation, seinem Auftrag, seinen Problemen und schließlich seinem stellvertretenden Leiden. Das letzte Lied ist zum Vorbild der Passionserzählungen des NT und gleichzeitig zu ihrem Deutungsschlüssel – so zuerst in der Theologie des Paulus – geworden.

Das besondere Problem liegt in der Deutung der Lieder, konkret in der Frage: Wer ist der Gottesknecht? Vier Modelle haben sich herausgebildet. 1. Der Knecht ist eine herausragende Person der Geschichte wie etwa Jeremia oder Mose: Dafür fehlen aber jegliche Anhaltspunkte in den Liedern selbst. 2. Die messianische Deutung: Sicher ist manches in den Liedern in einem eschatologischen Kontext zu deuten. Allerdings fehlt der Begriff des Messias völlig, und die Leidenserfahrung passt eher nicht zum Bild des Messias, wie es das AT sonst vermittelt. 3. Die kollektive Deutung: Der Knecht wird mit Israel identifiziert. Diese Deutung legt sich vom Buch her nahe, da hier öfter von Israel als Knecht Jahwes die Rede ist. Auch 49,3 könnte in diese Richtung deuten. Allerdings hat der Knecht in den Liedern sonst einen Auftrag an Israel und 49,3 ist bereits textkritisch problematisch. 4. Die autobiografische Deutung: Diese Interpretation hat – trotz einiger Probleme, die auch bei diesem Modell bleiben – die größte Wahrscheinlichkeit für sich und wird mehrheitlich vertreten. Der Knecht scheint eine eindeutig prophetische Gestalt zu sein, die allerdings immer wieder über sich hinausweist, vor allem im stellvertretenden Leiden und dem Auftrag an der „Welt". Vorausgesetzt ist bei dieser Deutung, dass das letzte Lied von den Schülern des Propheten stammt und 49,3 literarkritisch sekundär ist.

Dass Dtjes mit seiner Heilsbotschaft auf Widerstand bei den eigenen Leuten gestoßen sein soll, erscheint zunächst merkwürdig. Man darf dabei aber nicht die Tiefe der Erschütterung durch den Verlust der Heimat und der religiösen und ideologischen Grundlagen des Lebens außer Acht lassen. Und mit zunehmender Dauer des Exils kommt als zweite Ursache eine Entwicklung hinzu, mit der sich auch noch spätere Propheten auseinandersetzen mussten: Ein größerer Teil der Exilierten hatte sich in Babylonien eingerichtet und war an einer Rückkehr in das verwüstete und politisch unsichere Israel gar nicht mehr interessiert. Der jüdischen Diaspora ging es wirtschaftlich deutlich besser als den im Land Verbliebenen. Auch diese Entwicklung spiegeln die Auseinandersetzungen Dtjes mit seinen Hörern wider (z. B. 55,1–5).

Tritojesaja

Die bibelkundlich kaum angemessen zu gliedernde Teilsammlung unterscheidet sich von den ersten beiden Teilen des Jesajabuches deutlich. So steht hinter den Kap. 56–66 wahrscheinlich keine einzelne prophetische Persönlichkeit. Allenfalls für den Kern des Buches in Kap. 60–62 kann das vermutet werden. Um dieses Kapitel herum legen sich insgesamt drei konzentrische Kreise. Damit handelt es sich um eine äußerst planvolle Gestaltung, die in jedem Fall rein literarischen Ursprungs ist. Dazu kommt, dass Tritojesaja sich auf die beiden ersten Teile des Buches sowie die vorangehende Prophetie allgemein bezieht und diese zum Teil auslegt. Der Kern in 60–62 ist höchstwahrscheinlich im nachexilischen Juda vor der Erneuerung Jerusalems durch Nehemia entstanden. Der Rest ist später; vermutlich kommt man hier in die hellenistische Zeit hinein.

Botschaft von Tritojes

Anders als bei Dtjes finden sich bei Tritojes neben Heilsankündigungen auch wieder Gerichtsworte. Die Verfasser setzen sich mit der Lebenssituation der nachexilischen Zeit auseinander. Hier gilt es, neben der Verkündigung einer heilvollen Zukunft jenseits des ergangenen Gerichts auf Fehlentwicklungen hinzuweisen, die auch in dieser Zeit des Neuanfangs nicht ausbleiben. So spielt die Sozialkritik erneut eine Rolle und die Kritik an der Verehrung fremder Götter wird erneut zum Thema prophetischer Kritik. In der Frage des Verhältnisses Israels zu den Völkern können sich die Theologen, die Jes 56–66 geschrieben haben, eine Einbindung der Völker in das Heilshandeln des Gottes Israels vorstellen.

4. Jeremia

Textbestand

Jeremia ist das zweitlängste Prophetenbuch und orientiert sich nur an einer einzelnen prophetischen Gestalt. Allerdings ist bereits der Textbestand unsicher. Neben der masoretischen Fassung, die den protestantischen Bibelübersetzungen zugrunde liegt, existiert eine deutlich veränderte LXX-Fassung, für die es auch hebräische Belege in Qumran gibt. Der LXX-Text ist erheblich kürzer, und vor allem die Fremdvölkersprüche in Kap. 45–51 sind anders angeordnet (hinter Kap. 38). Heftig umstritten ist, welche der beiden Fassungen ursprünglich ist. Die LXX-Variante bietet das bekannte dreigliedrige eschatologische Schema. Spricht das für die Authentizität oder handelt es sich um eine bewusste nachträgliche Korrektur? Beides ist gleichermaßen denkbar und ohne neue Textfunde (die eher nicht zu erwarten sind) nicht zu entscheiden.

Das Buch hat in beiden Fassungen einen längeren Wachstumsprozess hinter sich. Dieser spiegelt sich in dem disparaten Material wider. In der Forschungsgeschichte werden unterschiedliche Quellenmodelle diskutiert, wobei sich gegenwärtig ein Redaktionsmodell mehr oder weniger durchgesetzt hat. Danach liegen dem Buch Worte Jeremias und ein größerer Zusammenhang von Fremdberichten (Baruch-Biografie) zugrunde. Eine den Dtr nahestehende Redaktion, hier meist als D bezeichnet, hat dann daraus das vorliegende Buch geformt. Ob dazu bereits die Fremdvölkersprüche (45–51) zählten, mag dahingestellt bleiben.

Konfessionen Jeremias

Wichtiger ist die Frage, ob die sogenannten „Konfessionen Jeremias“ (in Kap. 11; 15; 17; 18; 20) auf den Propheten zurückgehen und zum ursprünglichen Gut gehören oder später zugefügte, fremde „Psalmen“ sind. Diese Meinung wird gelegentlich vertreten wegen der formalen Zugehörigkeit zur Gattung der „Klagelieder des Einzelnen“. Aber wenn diese Gattung weit verbreitet war, warum sollte ein gebildeter Prophet, wie man ihn bei Jeremia unterstellen darf, sich nicht einer solchen Gattung bedienen? Wäre das nicht gerade sinnvoll, wenn man sich allgemein Gehör verschaffen will?

zur Person Jeremias

Jeremia entstammt dem ländlichen Priestertum; seine Heimat Anatot liegt wenig nördlich von Jerusalem. Er tritt vermutlich ab 627 v. Chr. als Prophet in Jerusalem auf. Gelegentlich wird der Beginn seines Wirkens später angesetzt, da die josianische Reform von 622 v. Chr. im Buch nicht erwähnt wird. Die Spur Jeremias verliert sich in Ägypten, wohin er von Aufständischen nach der Eroberung Jerusalems 587 v. Chr. verschleppt wird. Jeremia hat also die Phase des Untergangs Judas mit erlebt und prophetisch begleitet. Dabei wird er zwischenzeitlich aufgrund seiner Botschaft gefangen genommen und mit dem Tod bedroht. Er hat mit Baruch eine Art Sekretär um sich, der seine Worte aufzeichnet (Kap. 36) und der z. T. für die Fremdberichte verantwortlich gemacht wird.

Auch Jeremias Verkündigung wird in vier Perioden eingeteilt: In eine erste Phase 627–609 (Tod Josias) fallen die Kap. 1–6 und die Heilsankündigungen für den Norden in Kap. 30f. In die

Regierungszeit Jojakims (bis 598 v. Chr.) fallen die Kap. 7–20. Die Regierung Zedekias bis zum endgültigen Ende Judas bestimmen die Kap. 23; 24; 27–29; 37–39. Nach 587 v. Chr. spielen die Kap. 40–44.

dtr. Redaktion

Jeremia ist im Wesentlichen Gerichtsprophet und steht mit seiner Botschaft in der Tradition der Propheten Elia und Hosea. Er hat damit auch eine Affinität zur dtr. Theologie – und umgekehrt. Die Dtr entwickeln ihre Theologie auch auf dem Hintergrund der Botschaft Jeremias, der für einige von ihnen noch Zeitgenosse war. Es kommt nicht von ungefähr, dass dtr. Kreise gerade dieses Prophetenbuch so stark beeinflusst bzw. erst geschaffen haben. Dabei unterscheidet sich die dtr. Redaktion in einem Punkt grundlegend von der Botschaft Jeremias. Der Prophet sagt Juda im Auftrag Gottes den Untergang an. Das Gericht wird – ähnlich Amos – als unwiderruflich angesehen. Erst die dtr. Redaktion macht aus dieser unbedingten Gerichtsansage einen Ruf zur Umkehr. In den dtr. Partien sieht es so aus, als habe das Volk noch die Wahl, Gott zu folgen und das Unheil abzuwenden. Ganz ähnlich ist die theologische Grundstimmung in Jos – 2 Kön.

Botschaft Jeremias

Im Zentrum der Kritik Jeremias stehen der Abfall von Jahwe und die Hinwendung zu anderen Göttern, verbunden mit entsprechender Kultkritik. Besonders deutlich wendet er sich gegen eine rein formale Heilssicherheit, die sich auf die Gegenwart Gottes im Jerusalemer Tempel beruft (Zionstheologie) und allein deshalb kein Unheil fürchtet (vgl. Ps 46). Mit der Gewissheit des Gerichts hängt Jeremias kritische politische Haltung zusammen. Er empfiehlt, sich den Babyloniern zu unterwerfen und dies als Strafe Gottes anzunehmen. Nach der ersten Eroberung 598 v. Chr. rät er den Exilierten sogar, für Babylonien zu beten (Kap. 29), sich mit der Situation zu arrangieren und auf längere Zeit einzurichten.

Ein ständiger Kritikpunkt sind für Jeremia die in seinen Augen falschen Propheten, wohl Berufspropheten, die aufgrund wirtschaftlicher Abhängigkeit nicht wirklich unabhängig sind und bei denen er keine Unmittelbarkeit zu Jahwe sieht – anders als bei sich selbst. Sie neigen dazu, dem Volk und den Regierenden nach dem Mund zu reden, was Jeremia als Missbrauch des Amtes ansieht.

Diese Haltung hat Jeremia vor allem in der politisch angespannten letzten Phase des Königtums massive Feindschaft eingetragen. So kommt es, dass er sich mehrfach über seine prophetische Existenz bitter beklagt. Er muss ohne Freunde und Familie leben und zeitweise um sein Leben fürchten. Diese Situation ist für ihn durch die Inanspruchnahme Gottes verursacht, der er nicht ausweichen kann (20,7). Sie beschwert sein Leben erheblich und er trägt sein Schicksal Gott klagend vor – darin ist er Hiob nicht unähnlich. Solches Leiden unter dem Auftrag Gottes ist durchaus als Kennzeichen echter Prophetie im AT zu verstehen.

Zeichenhandlungen

Zur Verdeutlichung seiner Botschaft benutzt Jeremia öfter das Stilmittel der Zeichenhandlung, so z. B. in Kap. 19. Diese Zeichenhandlungen sind nicht als magische Handlungen zu verstehen. Das Zerbrechen des Tonkrugs vor den Augen einiger Volksvertreter hat nicht die Funktion, das Gericht in Gang zu setzen. Die Zeichenhandlung dient lediglich der Verstärkung des gesprochenen Wortes, man würde heute sagen, die in Worte gefasste Botschaft wird visualisiert oder medial verstärkt.

Gerade in Bezug auf Jahwes Gerichtshandeln betont Jeremia dessen Souveränität. So kann Jahwe sich auch der fremden Völker bedienen (Kap. 29). In seiner Theologie kommt Jeremia damit u. a. Deuterojesaja nahe und bereitet so das Klima vor, in dem die Idee des Monotheismus entsteht – die letzte logische Konsequenz des Glaubens und Denkens Jeremias wie anderer Propheten.

5. Ezechiel

Aufbau des Buches

Das Buch Ezechiel – gelegentlich auch Hesekiel; der hebräische Name ist schwer in westliche Sprachen zu übertragen – zeigt sich klar strukturiert. Kap. 1–39 weisen das dreigliedrige eschatologische Schema fast in Reinkultur auf. In Kap. 1–24 finden sich weitgehend Gerichtsworte an Israel. In Kap. 25–32 folgen im Wesentlichen Gerichtsworte an fremde Völker, denen wiederum in Kap. 33–39 Heilsworte für Israel folgen. Und auch die formal eigenständige Vision des neuen Jerusalem in Kap. 40–48 könnte man den Heilsworten in 33–39 zurechnen.

Diese klare Struktur sowie die einheitliche Sprachform weisen auf eine sehr bewusste literarische Gestaltung hin. Diese wird in der Forschungsgeschichte unterschiedlich erklärt. Am wahrscheinlichsten ist, dass ursprüngliche Prophetenworte durch Schüler gesammelt und weiter fortgeschrieben wurden. Dabei ist umstritten, welche und wie viele Einheiten dem Propheten selbst und welche der Redaktion zuzuschreiben sind. Wegen des relativ einheitlichen Stils fällt eine Entscheidung im Einzelfall hier besonders schwer. Da das Buch eine relativ einheitliche Botschaft vermittelt, ist die Frage nach der ursprünglichen Stimme des Propheten (der ipsissima vox) im Unterschied zu seinen Schülern und Interpreten theologisch gesehen eher zweitrangig.

Biografie Ezechiels

Bedeutsamer wird diese Frage bei der Rekonstruktion der „Biografie" des Propheten, soweit sie für seine Botschaft von Bedeutung ist. Unter der Voraussetzung, dass die entsprechenden Angaben vertrauenswürdig sind, ergibt sich folgendes Bild: Ezechiel wirkte zwischen 593 und 571 v. Chr. Er ist Priester oder stammt aus einer priesterlichen Familie. Er wird 598 v. Chr. mit den ersten Deportierten nach Babylon verschleppt, wo er in einem Ort namens Tel-Aviv lebt. Während seines Exils stirbt seine Frau. Ihr Tod steht für ihn im Zusammenhang seiner Botschaft, wie auch bei anderen Propheten die Familie und die persönliche Lebenssituation in die Verkündigung einbezogen wurden (vgl. etwa Jesaja, Jeremia oder Hosea). Mit der endgültigen Eroberung und Zerstörung Jerusalems 587 v. Chr. wandelt sich seine Gerichtsbotschaft in eine Heilsankündigung – einmal mehr ein Beleg dafür, dass die Propheten mit ihren Äußerungen auf die jeweilige politische Situation sensibel reagieren.

Visionen

Das Buch ist durchzogen von einer Reihe ausführlicher und komplexer Visionsschilderungen, so etwa die Berufungsvision 1–3 mit den vier Gestalten (Mensch, Löwe, Stier, Adler), die im frühen Christentum zu den Symbolen der Evangelisten werden, oder die Schau des neuen Jerusalem in 40–48. Teilweise zeigen diese Schilderungen Elemente der späteren Apokalyptik. Von besonderer Bedeutung ist die Vision von der Erweckung der

Totengebeine in Kap. 37, eine im AT ganz seltene Vorstellung. Zur Verdeutlichung seiner Botschaft bedient sich Ezechiel einer Reihe von teils skurril anmutenden Zeichenhandlungen. Hinzu kommen ausführliche Bildreden, die ebenfalls fremd wirken.

Dies alles hat den Philosophen und Psychiater Karl Jaspers dazu bewogen, Ezechiel eine psychische Erkrankung zu attestieren. Dabei übersah er allerdings, dass Ezechiel hier konsequent prophetische Gattungen im Dienst seiner Botschaft verwendet. Weniger auffällig wirken die ausgedehnten Geschichtsrückblicke sowie die insgesamt formelhafte und an priesterliche Ausdrucksweisen erinnernde Sprache, wie z. B. die häufige Verwendung der „Erkenntnisformel" („Ihr werdet erkennen/damit ihr erkennt, dass ich Jahwe bin").

Botschaft Ezechiels

Die Kap. 1–24 werden von der Gerichtsbotschaft bestimmt. In ihnen kündigt der Prophet den Untergang Judas und Jerusalems an als Strafe Jahwes vor allem für den Abfall bzw. die Verehrung fremder Götter. Daneben finden sich auch sozialkritische Äußerungen und eine kritische Haltung vor allem gegenüber der Außenpolitik des letzten judäischen Königs Zedekia. Der König wird – wie auch sonst im Vorderen Orient – als Hirte angesprochen, der von Gott den Auftrag hat, sein Volk zu weiden; diesem Auftrag werden die Könige nicht gerecht.

Mit der Katastrophe Jerusalems 587 v. Chr. ändert sich die prophetische Botschaft radikal. Jetzt, jenseits des ergangenen Gerichts, kann Ezechiel dem Volk Heil verkündigen – ähnlich wie Deuterojesaja. Dazu gehört vor allem die Rückkehr der Exilierten nach Jerusalem. In diesen Zusammenhang gehört die Vision der Auferweckung der Totengebeine in Ez 37. War im Gerichtsteil Ez 8–11 Jahwes Herrlichkeit aus Jerusalem ausgezogen, so kehrt sie in Kap. 40–48 nach Jerusalem zurück. Ähnlich kann Deuterojesaja von der Rückkehr Jahwes nach Jerusalem reden (Jes 40) im Zusammenhang eines „neuen Exodus". Als Heimat der Herrlichkeit Gottes überbietet das Bild Jerusalems in Kap. 40–48 alles bisher Dagewesene und beeinflusst auch neutestamentliche und christliche Vorstellungen („das himmlische Jerusalem").

Anders als bei seinen Vorgängern zeigt sich bei Ezechiel ein Trend zur Individualisierung. Nicht mehr Israel als Volk ist das Gegenüber Jahwes, sondern der einzelne Mensch. Das gilt vor allem im Hinblick auf die ethische Verantwortlichkeit und das persönliche Schicksal. Galt bis dahin ein Generationen übergreifender Zusammenhang von Schuld und Strafe (vgl. z.B. Ex 20,5f.), so sieht Ezechiel jeden Einzelnen neu in die Verantwortung gestellt (Ez 18).

6. Das Zwölfprophetenbuch

Aufbau

Der Begriff „Zwölfprophetenbuch" (griech.: Dodekapropheton, lat.: Prophetae Minores = Kleine Propheten, so erstmals bei Augustin) belegt, dass in der biblischen Tradition die folgenden zwölf Prophetenbücher als eine einheitliche Größe verstanden wurden (so bereits Sir 49,10 und entsprechend in der masoretischen Tradition, die den zwölf Büchern eine einzige Abschlussbemerkung, die sog. Schlussmasora, zuweist [anders allerdings im Codex Leningradensis]). So wird gegenwärtig der Entstehungsgeschichte des gesamten Buches erhöhte Aufmerksamkeit gewidmet und nach übergreifenden redaktionellen Bearbeitungen gefragt. Das Anordnungsprinzip des hebräischen Texts scheint, anders als das der LXX, chronologisch orientiert zu sein. In einer ersten Gruppe erscheinen die (tatsächlich oder fiktiv) aus dem 8. Jh. stammenden Propheten Hosea, Joel, Amos, Obadja, Jona, Micha. Es folgen mit Nahum, Habakuk und Zephania die Propheten des 7. Jh. v. Chr. und den Abschluss bilden die nachexilischen Propheten Haggai, Sacharja und Maleachi. Bei der Einordnung von Joel und Obadja spielten möglicherweise inhaltliche Gründe (Bezüge zu Amos) und nicht die Chronologie die entscheidende Rolle. Dass es um eine bewusste Gesamtkomposition geht, zeigt das Ende des Buches. Hier wurden mit Sacharja, Deutero- und Tritosacharja sowie Maleachi aus vier Schriften zwei gemacht, um eine Zwölfzahl zu erreichen, wohl in Anlehnung an die zwölf Stämme Israels.

Hosea

Hosea ist das längste unter den Büchern der Zwölf Propheten. Deutlich erkennbar ist eine judäische Redaktion, welche die

Botschaft Hoseas, die nach 722 v. Chr. in den Süden gelangt, entsprechend aktualisiert hat. Einige wenige Verse gehen auf exilisch-nachexilische Bearbeitungen zurück. Insgesamt lässt sich innerhalb des Buches wegen seiner Komplexität – eine Gliederung fällt schwer – nicht viel sekundäres Gut sicher ausmachen.

Hosea tritt im Nordreich ab ca. 750 v. Chr. auf. Der Untergang Israels 722 v. Chr. spiegelt sich aber noch nicht wider, wohl aber der sogenannte syrisch-ephraimitische Krieg, sodass Hosea bis etwa 725 v. Chr. gewirkt haben dürfte. Auch wenn in Kap. 1–3 einiges über seine Familie berichtet wird, wissen wir insgesamt doch wenig über ihn. Er steht mit seiner Botschaft in der Tradition Elias und des Elohisten. Da er auch sonst auf Geschichtstraditionen wie die Erzväter-, Exodus- und Wüstentradition zurückgreift, gehört er sicher zur gebildeten Oberschicht.

Das Thema Hoseas wird in der Erzählung über seine Familie in Kap. 1–3 bereits angezeigt. Hosea ist Gerichtsprophet. Seine Kinder tragen Symbolnamen, nur deshalb werden sie hier erwähnt – ähnlich den Kindern Jesajas (Jes 8). Sie heißen „Jesreel", „Lo-Ruhama" und „Lo-Ammi". Der erste Name zielt auf die Blutschuld des regierenden Königshauses in Jesreel im Zusammenhang eines gewaltsamen Umsturzes (2 Kön 9). Die beiden anderen Namen bedeuten „Kein Erbarmen" und „Nicht mein Volk". Damit sagt Hosea Israel das endgültige Gericht Gottes an.

Auch die Begründung für das Gericht ist in seiner Familie symbolisiert. Seine Frau Gomer wird als „Hure" bezeichnet. Zwei Deutungen werden diskutiert: Mit dem Begriff könnte eine Frau bezeichnet werden, die an kanaanäischen Fruchtbarkeitskulten teilnahm (etwa sexuelle Initiationsriten). Es könnte aber auch im Sinne von „Ehebruch" verstanden werden, der dann symbolisch für den Bruch des Verhältnisses zwischen Volk und Jahwe steht. Hosea sieht diesen Bruch in der Hinwendung der Bevölkerung zu kanaanäischen Kulten bzw. in der Pervertierung des Jahwekultes, so z. B. im Zusammenhang der goldenen Stierbilder in Bethel und Dan (Hos 8), die für Hosea einen Verstoß gegen das Bilderverbot darstellen. Beide Deutungen laufen auf die Abwendung vom reinen Jahweglauben hinaus, den Hosea für die Zeit des Exodus und der Wüstenwanderung reklamiert.

Letztlich steht für Hosea die Missachtung des ersten Gebots im Zentrum der Kritik. Dafür trägt u. a. das Königtum Verantwortung, das Hosea ebenfalls scharf angreift; hinzu kommt die Kritik der sozialen und politischen Verhältnisse seiner Zeit. Als Konsequenz dieser Vergehen kündigt Jahwe den Bund mit Israel auf. Allerdings lässt Hosea – anders als andere – einen, wenn auch kleinen, Raum für Hoffnung. Auch wenn die meisten Heilsworte auf eine spätere Redaktion zurückgehen, so kann Hosea am Ende doch von Gottes Liebe zu Israel reden, die allein Israel retten könne (11,8).

Joel

Das Joelbuch ist deutlich zweigeteilt. Im ersten Teil 1,1–2,17 wird die Klage laut über Dürre und eine Heuschreckenplage. Der zweite Teil 2,18–4,21 gibt die Antwort Jahwes auf diese Klage wieder. Sicher ist, dass die Verse 4,4–8 sekundär sind, denn sie sind anders als der Rest in Prosa gehalten.

Eine prophetische Gestalt ist hinter den Texten nicht auszumachen. Das liegt daran, dass sich das Buch als konsequente Interpretation früherer Prophetie wie auch einiger erzählender Texte präsentiert. Dabei steht der „Tag Jahwes", eine eschatologische Vorstellung schon der vorexilischen Zeit, im Zentrum. Nach Am 5,18 erwartete Israel diesen Tag als die Zeit universellen Heils. Amos wie auch andere setzen sich damit kritisch auseinander. Für das Joelbuch ist dieser Tag bereits im Anbruch begriffen. Er kann, auch hierin die ältere Prophetie und Tradition zusammenfassend, sowohl Heil als auch Gericht für Israel bedeuten. Vorher wird Jahwe seinen Geist über alle Angehörigen des Gottesvolkes ausgießen – die fremden Völker bleiben außen vor. Das Buch ist nachexilisch entstanden. Da Jerusalem als wieder befestigt angesehen wird, kommt man in die Zeit nach Nehemia, also etwa 400 v. Chr. Dabei ist Jerusalem als Entstehungsort wahrscheinlich.

Amos

Das Buch Amos ist unter den Zwölf Propheten in vieler Hinsicht bemerkenswert. So lässt sich an ihm deutlich der Weg von der ursprünglichen Botschaft des Amos bis hin zum fertigen Buch nachzeichnen. Am Anfang stehen die Visionsberichte in Kap. 7f. Sie werden von Schülern des Amos mit einzelnen Worten aus den Kap. 1–6 verbunden. Eine erste Redaktion erfolgt, als die Überlieferung nach 722 v. Chr. in den Süden gelangt – die Worte des Amos gegen Israel werden auf Juda hin aktualisiert. Eine dtr. Redaktion fügt ihre Vorstellung von Prophetie im Sinne der Umkehrpredigt hinzu und schließlich werden nachexilisch Heilsworte in 9,7ff. angefügt.

Amos ist der älteste der Schriftpropheten. Wenn die Angaben in 1,1 stimmen, tritt er um 760 v. Chr. im Nordreich auf, genauer am Reichsheiligtum von Bethel und möglicherweise auch in der Hauptstadt Samaria. Er selbst stammt aus Tekoa in Juda, südlich von Jerusalem. Er betont, dass er nicht zu den Propheten des klassischen Typs gehört, sondern von Jahwe aus seinem Berufsalltag heraus berufen wurde. Er ist Rinderhirt und Maulbeerfeigenzüchter und gehört eher zur wohlhabenden Bevölkerung. Aus den Völkersprüchen wird man auf eine gewisse Bildung schließen dürfen. Amos tritt vermutlich nur wenige Wochen lang als Prophet auf – er stößt mit seiner Botschaft in Bethel schnell auf Widerstand und wird des Landes verwiesen.

Die Visionen in Kap. 7f. sind der Schlüssel zum Verständnis des Amos wie der vorexilischen Schriftprophetie überhaupt. In den ersten beiden parallel gebauten Visionen sieht Amos Jahwe, der daran geht, Israel zu vernichten. Ein Grund dafür wird nicht genannt. Amos tritt Gott fürbittend entgegen und kann das Unheil vorläufig abwenden. In den beiden folgenden Visionen gelingt ihm das nicht mehr. Am 8,2 kündigt das beschlossene Gericht als unabwendbar an. Diese Erkenntnis wird für Amos zum Motor; er kann sich Jahwe nicht mehr entziehen (3,3–8).

Da die Visionen den Grund für das kommende Unheil nur sehr pauschal in Israels Verfehlung sehen (8,2), begründet Amos das Handeln Gottes mit eigenen Worten. Er tut dies auf dem Hintergrund der religiösen und rechtlichen Traditionen Israels. Dabei nimmt die Kritik der sozialen Missstände breiten Raum ein, wozu Rechtsbeugung, Ausbeutung, Ausnutzen von Abhängigkeiten im sexuellen Bereich und ein luxuriöses Leben auf Kosten der Armen gehören. Dazu kommt eine damit verbundene Kritik am Kult, den Amos eng mit konkretem Handeln im Alltag verknüpft sieht. Der Israel-Spruch in den Völkersprüchen kritisiert die Erwählungsgewissheit, die sich auch in der Erwartung des „Tages Jahwes“ (5,18) ausdrückt.

Meist wird angenommen, dass Amos das unbedingte Gericht Jahwes ansagt und keinen Raum für Hoffnung lässt. Allerdings passen dazu die beiden Mahnworte in 5,4.14f. nicht so recht. Man hat versucht, die Worte aus dem Grundbestand auszusondern und späteren Überarbeitungen zuzuweisen. Allerdings gilt zu bedenken, dass Amos einerseits Rettung nur für einen Rest jenseits des kommenden Gerichts annimmt. Andererseits bleibt trotz der Unbedingtheit des Gerichts doch auch immer Hoffnung auf eine Veränderung der Verhältnisse. Steckt nicht in jeder Kritik, wie endgültig sie auch formuliert sein mag, die Hoffnung auf eine Veränderung zum Besseren?

Obadja

Obadja ist mit 21 Versen das kürzeste Prophetenbuch. Dennoch ist auch hier mit sekundärem Wachstum zu rechnen. In der Regel werden die V. 2–15 weitgehend Obadja zugeschrieben; V. 19–21 sind redaktionell. Der verbleibende Rest wird unterschiedlich beurteilt. Falls hinter den V. 2–15 eine prophetische Persönlichkeit steht – der Name Obadja (hebr. = Knecht Jahwes) könnte auch eine künstliche Bildung sein –, tritt er nach dem Untergang Jerusalems bis etwa zur Mitte des 6. Jh. v. Chr. in Juda auf. In dieser Zeit hatte die verbliebene Bevölkerung unter edomitischen Übergriffen schwer zu leiden. Die Edomiter, östliche Nachbarn Judas, lebten über Jahrhunderte in Feindschaft zu Juda und sahen mit der babylonischen Eroberung die Chance gekommen, die Verhältnisse in ihrem Sinn zu regeln. Obadja sagt Edom daraufhin das Gerichts Jahwes an, ebenso wie in V. 16ff. – er selbst oder ein Späterer – den Fremdvölkern überhaupt. Die redaktionellen V. 19–21 reden von der Wiederherstellung des Königtums Jahwes. Bemerkenswert ist, dass Obadja die Intervention zur Vergeltung Gott vorbehält und menschlichem Wirken entzieht.

Jona

Anders als alle anderen Prophetenbücher enthält das Buch Jona keine Prophetensprüche, sondern ist als Erzählung gestaltet. Diese wird gerne als Novelle charakterisiert. Sie ist damit den Büchern Esther und Ruth ähnlich oder auch der Josephsgeschichte. Der „Held" der Geschichte hat seinen Namen von einem ansonsten wenig bekannten Propheten aus 2 Kön 14,25. Das Buch, das von manchen als sekundär angewachsen gesehen wird, präsentiert sich mit seiner fiktiven Geschichte als relativ einheitlich. Jona flieht vor Gottes Auftrag übers Meer, wird aber von ihm durch einen Sturm eingeholt. Ein großer Fisch verschlingt ihn – ein Motiv ähnlich der griechischen Mythologie – und Jona betet in seinem Bauch einen Psalm (der weitgehend für sekundär gehalten wird – andererseits passt er auch zum Buch, das ja als Ganzes fiktiv ist). Seine Predigt in Ninive fällt denkbar kurz aus, ist aber umso wirkungsvoller. Die Bewohner der Hauptstadt des assyrischen Weltreichs bekehren sich zum Gott Israels und bekennen ihre Sünden – und Gott erweist sich gnädig, sehr zum Missfallen Jonas.

Es handelt sich hier um eine Lehrerzählung aus nachexilischer Zeit, die das Thema der Güte und Barmherzigkeit Gottes herausstellt, der so ganz anders handelt als sein Prophet es sich wünscht.

Aber es gibt noch ein zweites Thema, das bei genauem Hinsehen Aufmerksamkeit erregt. Es ist die besondere Haltung des Erzählers zu den Fremden. So unternehmen die fremden Matrosen alles, um Jona auf dem Meer zu retten. Sie werden als fromme Menschen geschildert. Die Assyrer, geschichtlich die ärgsten Feinde Israels, bekehren sich zu dessen Gott und bereuen, vom Geringsten bis zum König. Sie alle tragen sehr sympathische Züge. Jona, der Vertreter der israelitischen Religion hingegen, flieht vor dem Auftrag Gottes. Er verleugnet zunächst seinen Auftraggeber, zeigt wenig Engagement und fühlt sich am Ende von Gottes Barmherzigkeit geradezu persönlich angegriffen. Man wird nicht fehlgehen, das Jonabuch auch auf diesem Hintergrund zu interpretieren. In den Auseinandersetzungen der nachexilischen Zeit über das richtige Verhältnis Israels zu den Völkern setzt das Jonabuch einen Kontrapunkt zu einer Theologie, wie sie etwa vom ChrG oder im Estherbuch vertreten wird.

Micha

In der Forschung besteht Einigkeit darüber, dass nur die Kap. 1–3 im Wesentlichen auf Micha selbst zurückgehen. Allenfalls bei den Gerichtsworten in 6,1–7,7 könnte man noch an michanischen Ursprung denken. Das Buch ist in zwei große Abschnitte eingeteilt, die jeweils das zweigliedrige eschatologische Schema zeigen. Den Unheilsankündigungen in 1–3 folgen die Heilsworte in 4–5 mit der messianischen Ankündigung in 5,1–5. Den Unheilsankündigungen in 6,1–7,7 folgen mit 7,7–20 wiederum Heilsweissagungen. Gelegentlich wird an eine Dreiteilung gedacht. In diesem Fall schließen die sekundären Heilsworte in 2,12f. einen ersten Teil ab, und 3–5 würden Teil 2 bilden. Das Aufbauschema zeigt, dass das Buch sorgfältig literarisch angelegt ist.

Micha ist ein Zeitgenosse Jesajas. Er tritt zwischen 740 und 700 v. Chr. auf, wobei auch an eine kürze Periode seines Auftretens gedacht wird. In diesem Fall würden sich die Worte in 1,10–16 auf frühere assyrische Feldzüge beziehen. Anders als Jesaja stammt Micha vom Land, genauer aus Moreschet, einem Ort in der Schefela, und gehört vermutlich zur dortigen Oberschicht. So kann Micha Jerusalem den Untergang ansagen. Er ist als Vertreter der Landbevölkerung nicht so stark von der Zionstheologie beeinflusst wie der Städter Jesaja.

In der Begründung des kommenden Unheils gibt es zwischen beiden allerdings Parallelen. Auch Micha prangert die Konzentration von Grundbesitz in den Händen Weniger an. Sie kann für ihn nur auf unrechte Weise zustande kommen kann, auch wenn das kodifizierte Recht aufseiten der Besitzenden zu stehen scheint. Besonders scharf greift er die Oberschicht und die Funktionsträger Judas an, namentlich die königlichen Beamten, Priester und Propheten. Ähnlich wie später Jeremia in seiner Tempelrede, wendet sich Micha gegen eine falsche Heilsgewissheit, die allein aus der Anwesenheit Gottes im Tempel seinen Beistand für die Zukunft folgert, unabhängig vom religiösen und ethischen Verhalten im Einzelnen. Jer 26,18f. nimmt auf Michas Gerichtsankündigung Bezug. Der Hinweis auf die Verkündigung Michas – hier haben wir einen Beleg dafür, dass solche Prophetie in gewissen Kreisen tradiert wurde – rettet Jeremia, der ähnlich urteilt, das Leben.

Nahum

Das Buch Nahum ist zweigeteilt. Der erste Teil 1,1–2,13 ist bestimmt durch einen Hymnus, der die Macht Jahwes besingt.

Zum Teil wird hier die Form des Akrostichons verwendet. Dieser Teil wird in der Regel als sekundär betrachtet, anders als der zweite Teil 2,4–3,19. Diese Verse stehen im Zentrum des Buches und haben die Ankündigung des Untergangs der assyrischen Hauptstadt Ninive zum Inhalt. Die Gestaltung der Verse lässt vermuten, dass es sich bei ihnen um tatsächliche Zukunftserwartung handelt. Nahum wäre demnach in jedem Fall vor 612 v. Chr., der Zerstörung Ninives, aufgetreten. Vorausgesetzt ist dagegen die Zerstörung der ägyptischen Hauptstadt Theben durch die Assyrer 663 v. Chr. Die Weissagungen Nahums haben sich im Wesentlichen erfüllt – sie gaben Israel damit auch in nachexilischer Zeit Hoffnung, die durch den einleitenden Hymnus verstärkt wird.

Habakuk

Das zweite Prophetenbuch des 7. Jh. v. Chr. beschäftigt sich nicht mehr mit den Assyrern, die inzwischen ihre Macht eingebüßt haben, sondern mit den Babyloniern. Dabei gibt es im Buch Habakuk einige Ungereimtheiten. Im ersten Teil übt der Prophet umfassende Sozialkritik gegen Juda. Als Reaktion Gottes wird sein Strafgericht mit den Babyloniern als Werkzeug erwartet. Im zweiten Teil finden sich Drohworte gegen eben diese Babylonier. Es gibt die Vermutung, dass es hier zu einer nachträglichen Bearbeitung gekommen ist, die Worte sich also ursprünglich gegen Juda richteten und erst nachträglich auf Babylon umgedeutet wurden. Vermutlich später ist auch die Theophanieschilderung (= Gotteserscheinung; griech.: phaino = erscheinen) in Kap. 3.

Habakuk tritt nach dem Untergang Ninives, aber noch vor der ersten Eroberung Jerusalems durch die Babylonier auf, also etwa um 600 v. Chr. Er könnte wegen seiner Nähe zu kultischen Formen zu den Kultpropheten am Tempel gehört haben. Übergreifend steht bei ihm die Frage nach der Gerechtigkeit Gottes im Verhältnis zu einer als ungerecht empfundenen Gegenwart im Mittelpunkt des Interesses.

Zephania

Zephania ist das dritte prophetische Buch des 7. Jh. v. Chr. Es zeigt in seinem Aufbau das dreigliedrige eschatologische Schema. Der erste Teil ist bestimmt von Gerichtsworten gegen Juda. Zephania übt sowohl Sozial- als auch Kultkritik. Als Folge der Verfehlungen Judas kündigt er den „Tag Jahwes“ als Gerichtstag an (ähnlich Am 5). Im zweiten Teil finden sich – wie bei diesem schematischen Aufbau üblich – Gerichtsworte gegen fremde Völker. Die Heilsworte für Israel und die fremden Völker (!) im dritten Teil werden allgemein für nachexilisch gehalten, u. a. auch wegen der Aussagen zum „Rest", einer theologischen Denkfigur, die aus nachexilischer Zeit stammt und das Strafgericht Gottes voraussetzt.

Zephania ist während der Regierungszeit Josias (639–609 v. Chr.) aufgetreten. Da er den Fremdgötterkult kritisiert und weitere Hinweise fehlen, rechnet man mit einem Auftreten vor der josianischen Reform (622 v. Chr.). Er scheint die Verhältnisse in Jerusalem gut zu kennen und dürfte hier gewirkt haben. Anders als Nahum und Habakuk wendet sich die Gerichtsbotschaft Zephanias allein gegen das eigene Volk.

Haggai

In den zwei Kapiteln des Buches Haggai finden sich vier Themenkreise mit Worten, die auf den Propheten selbst zurückgehen. Diese Worte sind jeweils mit einem sekundären Rahmen aus späterer Zeit versehen.

Haggai ist der erste Prophet der nachexilischen Periode. Stimmen die Angaben im Buch, so tritt er wenige Monate im Jahr 520 v. Chr. in Jerusalem auf. In dieser Zeit ermahnt und ermuntert er das Volk, den Hohepriester Josua sowie den aus dem Davidgeschlecht stammenden persischen Kommissar Serubbabel zum Wiederaufbau des Tempels, der von den Persern nicht nur erlaubt war, sondern auch gefördert wurde. Für Haggai steht der Tempelneubau in unmittelbarem Zusammenhang mit dem wirtschaftlichen und sozialen Wohlergehen des Volkes, wobei dem Tempelbau der Vorrang zukommt. Serubbabel kündigt er ein kommendes Königtum mit messianischen Zügen an – dies hat sich nicht erfüllt. Unklar ist die Deutung des „unreinen Volkes", das nicht am Tempelbau beteiligt sein soll. Geht es hier grundsätzlich um Israel oder zielen diese Worte auf die samaritanische Bevölkerung, die dem nachexilischen Juda als nicht rein jüdisch und somit „unrein" galt?

Sacharja

Ähnlich wie das Jesajabuch ist auch das Buch Sacharja dreigeteilt. Mit dem Propheten Sacharja stehen nur die Kap. 1–8 in Zusammenhang; im Zentrum dieser Kapitel stehen die Visionsschilderungen als Ich-Bericht. Demgegenüber enthalten die Kap. 9–14 Worte, die in 9–11 in Poesie, in 12–14 dagegen prosaisch gestaltet sind. Diese Teile beginnen jeweils mit der Überschrift „Spruch – Wort Jahwes". Sie haben keinen Bezug zu dem Propheten und zeigen einen deutlich späteren zeitgeschichtlichen Hintergrund.

Sacharja 1–8

Wie bei Haggai sind auch die Worte Sacharjas mit einem sekundären Rahmen umgeben. Innerhalb der Visionen ist die vierte Vision über den Hohenpriester Josua vermutlich sekundär; es fehlt der übliche Deuteengel, die sonst einheitliche Form ist durchbrochen.

Sacharja ist vermutlich Priester und tritt in den Jahren 520–518 v. Chr. in Jerusalem auf und ist damit ein Zeitgenosse Haggais. Sein Thema ist – ähnlich Haggai – der Wiederaufbau des Tempels, darüber hinaus aber auch die Wiederherstellung der judäischen Gesellschaft. In seinen Visionen, die die spätere Apokalyptik vorbereiten, geht es um die Erneuerung des Gottesvolkes. Insgesamt sieht Sacharja eine Heilszeit für Juda und die Völker. Dazu gehören die Reinigung des Volkes und die Verbreitung des Gotteswortes. Im Zentrum der Visionen steht die Vorstellung der künftigen Herrschaft. Hier sieht Sacharja eine Doppelspitze. Neben dem Hohenpriester Josua steht der Statthalter Serubbabel, der aus dem Davidgeschlecht stammt, als politisches Oberhaupt des Volkes. Beide werden als „Gesalbte" (Messias) angesehen. Für Sacharja läuft die künftige Organisation Judas also auf eine Gewaltenteilung hinaus, was sich in der weiteren Geschichte so nur zum Teil bewahrheitet hat.

Sacharja 9–14

Bei Sach 9–11 und 12–14 handelt es sich jeweils um eine Fortschreibung des ursprünglichen Bestands mit veränderter Akzentsetzung, wobei beide Einheiten in sich nicht einheitlich sind. Es ist mit einer sukzessiven Entstehung zu rechnen. Besonders wichtig sind die messianischen Vorstellungen dieser kleinen Einheiten geworden. Sach 9,9f. erwartet den Messias als Friedenskönig, der auf einem Esel in Jerusalem einreitet – die christlichen Evangelien nehmen diesen Text auf und bringen ihn mit Jesus in Zusammenhang. Das Bild des Messias, eines eschatologischen Königs aus dem Haus Davids, bekommt damit eine neue

Ausrichtung. In 12–14 wird der leidende Gottesknecht aus Jes 53 messianisch interpretiert. Auch diese Vorstellung wird im NT aufgenommen zur Interpretation von Wirken und Person Jesu.

Maleachi

Das Buch Maleachi beschließt das Zwölfprophetenbuch und den Kanonteil „Propheten" überhaupt. Auf die Endredaktion gehen die Verse 3,22–24 zurück; möglicherweise gehören auch 3,13–21 einer gegenüber Maleachi späteren Bearbeitung an. Der Grundbestand des Buches besteht aus sechs Disputationsworten, die gleichförmig gestaltet sind. Ob diese Worte auf einen realen Propheten namens Maleachi zurückgehen (hebr. = „mein Bote", was nicht unbedingt ein gebräuchlicher Name ist) oder ob es sich hier um eine anonyme Fortschreibung wie in Sach 9–14 handelt, ist umstritten und letztendlich nicht zu klären.

Die Disputationsworte beschäftigen sich mit der Situation des nachexilischen Juda und stellen Gerichtsworte und Heilsankündigungen nebeneinander – ein oft zu beobachtendes Phänomen der nachexilischen Zeit. Maleachi ruft zum Vertrauen in Jahwes Verheißungen auf, mahnt aber gleichzeitig die Einhaltung der Gebote an. Damit liegt Maleachi auf der Linie der späteren Interpretation der Gerichtsprophetie, die Heil oder Unheil für die Zukunft abhängig macht vom jeweiligen ethischen Verhalten.

Fragen:

Fragen

1. Können Sie die wichtigsten Propheten zeitlich ungefähr einordnen?
2. Was stellen Sie sich unter einem Propheten vor?
3. Versuchen Sie, das Verhältnis von Geschichte/Politik und Prophetie zu beschreiben.

2.3 Schriften

1. Hebräische Poesie

biblisches Hebräisch

Das biblische Hebräisch gehört zur Sprachfamilie der semitischen Sprachen, genauer gesagt zum nordwestsemitischen Zweig dieser Gruppe. Es ist eigentlich die „Sprache Kanaans". Bei der sukzessiven Besiedlung des Landes wurde die Sprache der alteingesessenen Bewohner übernommen. So folgt das biblische Hebräisch, das als Umgangssprache nach dem Exil nach und nach außer Gebrauch kam, auch im Bereich der Poesie dem Vorderen Orient. In den erzählenden Texten des Alten Testaments gibt es eine Reihe Hinweise auf israelitische Lieddichtungen, Gesang und Instrumentalmusik. Neben dem Psalter finden sich Psalmen auch in Erzählungen. Hebräische Poesie zeichnet sich gegenüber unserer Sprache durch das fast völlige Fehlen von Reimen aller Art aus. Stattdessen herrscht das Stilmittel des parallelismus membrorum (lat.: Parallelität der Glieder) vor. Dabei werden in der Regel zwei Sätze zusammengebunden und aufeinander bezogen, wobei das Verhältnis der beiden Teile unterschiedlich sein kann. Die einzelnen Satzteile entsprechen einander. Im Wesentlichen gibt es folgende Ausprägungen:

Formen

- *Synonymer p.m.* – In beiden Teilen der Einheit wird dieselbe Aussage mit variierenden Ausdrücken gemacht: „Wasche mich rein von meiner Missetat, und reinige mich von meiner Sünde". (Ps 51,4)
- *Antithetischer p.m.* – Die Aussagen beider Teile stehen im Gegensatz zueinander: „Denn der Herr kennt den Weg der Gerechten, aber der Gottlosen Weg vergeht". (Ps 1,6)
- *Synthetischer p.m.* – Der zweite Teil führt den ersten weiter: „Der Herr ist meines Lebens Kraft; vor wem sollte mir grauen?" (Ps 27,1b)
- *Parabolischer p.m.* – Eine Hälfte der Einheit bietet ein Bild, das die Aussage unterstützt und erklärt: „So fern der Morgen ist vom Abend, lässt er unsere Übertretungen von uns sein." (Ps 103,12)
- *Klimaktischer p.m.* – Der zweite Teil führt den ersten Teil weiter und steigert ihn: „Bringet dar dem Herrn, ihr

> Himmlischen, bringet dar dem Herrn Ehre und Stärke! Bringet dar dem Herrn die Ehre seines Namens, betet an den Herrn in heiligem Schmuck! (Ps 29,1f.)

Gelegentlich finden sich am Ende von Strophen Kehrverse wie etwa in Ps 46,8.12. Eine besondere Form der Dichtung sind Lieder, bei denen einzelne Verse oder Strophen mit dem jeweils nächsten Buchstaben des Alphabets beginnen, ein sogenanntes Akrostichon (Ps 9f; 111f; 145; Nah 1; Klgl 1–4). Bis heute unklar ist das metrische System der Lieder. Sicher existiert ein solches, aber ob es alternierend oder akzentuierend funktioniert, ist nicht sicher zu sagen. Beim alternierenden System wechseln sich betonte und unbetonte Silben ab, beim akzentuierenden System folgen betonte und mehrere unbetonte Silben aufeinander.

2. Psalmen

Der Psalter gehört im Christentum zu den meist verwendeten Büchern des AT. Vor allem die Psalmen, die ein individuelles Geschick – wenn auch in exemplarischer Form – besingen, spielen auch und gerade in der christlichen Frömmigkeit und im christlichen Kult eine große und unverzichtbare Rolle – und dabei ist nicht nur an „Der Herr ist mein Hirte ...“ (Ps 23) gedacht!

Entstehung des Psalters

Die sekundäre und eher künstliche Einteilung des Psalters in fünf Bücher (1–41/42–72/73–89/90–106/107–150) wurde wohl analog zum Pentateuch vorgenommen. Die einzelnen Bücher enden in den jeweils letzten Psalmen der Gruppe mit einer Schlussdoxologie (griech.: Lobpreis), was auf eine planvolle Gestaltung des gesamten Buches hindeutet. Die Psalmen 1 und 2 wurden dem Psalter sukzessive vorangestellt. Ps 2 besingt den eschatologisch (griech.: endzeitlich) gedeuteten König, Ps 1 stellt das gesamte Buch unter das Lob dessen, der mit seinem Leben den heiligen Schriften folgt und so als weise lebt.

Teilsammlungen innerhalb des Psalters

Innerhalb des Psalters finden sich – noch gut erkennbar – Teilsammlungen, die zeigen, wie dieses Buch nach und nach aus kleineren Sammlungen gewachsen ist. Das betrifft zunächst die sogenannten Davidpsalmen in 3–42 und 51–72. Der zweite Teil des Davidpsalters gehört gleichzeitig zu einer besonderen Gruppe, dem elohistischen Psalter. Die Bezeichnung verdankt sich dem Gebrauch der Gottesbezeichnung Elohim (hebr.: Gott). Innerhalb dieser Sammlung gibt es in Ps 42–49 die Korachpsalmen, in 50.73–83 die Asaphpsalmen. Beide Bezeichnungen gehen zurück auf Gruppen von Kultpersonal am Jerusalemer Tempel. Die teilweisen Überschneidungen und Verschachtelungen deuten auf einen längeren komplexen Entstehungsprozess des Psalters hin. Weiter finden sich im hinteren Teil des Buches u. a. eine Sammlung von Wallfahrtsliedern (Ps 120–134) sowie die sogenannten Jahwe-Königs-Psalmen in Ps 93–99. Die Psalmen sind von recht unterschiedlicher Länge; der längste Ps 119 hat 176 Verse, der kürzeste Ps 117 nur 2.

Die LXX und die von ihr beeinflussten Übersetzungen haben z. T. eine andere Zählung. So sind dort Ps 9 und 10 (sachlich korrekt) und Ps 114 und 115 zusammengefasst, die Ps 116 und 147 hingegen in jeweils zwei Psalmen aufgeteilt.

Entstehungszeit

Der Psalter als Buch ist in jedem Fall nachexilischen Ursprungs und dort eher jünger als älter. Das gilt nicht unbedingt für jeden einzelnen Psalm, wobei über die genaue Datierung wenig Sicheres gesagt werden kann. Es liegt in der Natur der Sache, dass Lieder meist keinen konkreten historischen Hintergrund bieten. So ist ihre Erforschung im Wesentlichen auf traditionsgeschichtliche Beobachtungen angewiesen: Ab welcher Zeit sind bestimmte geprägte Vorstellungen möglich? Wo haben sie Parallelen in sicher datierbaren Texten? Die Überschriften der Psalmen helfen wenig weiter. Sie sind, was die Verfasserangabe anlangt, durchweg sekundär. Zurechnungen zu David (möglicherweise meint die hebräische Konstruktion mit der Präposition „l^e“ auch nicht den Verfasser, sondern den Adressaten des Liedes) oder Mose sind historisch nicht verwertbar. Einzig Ps 137 („An den Wasserbächen Babels saßen wir und weinten“) lässt sich historisch sicher verorten.

Psalmengattungen

Einen Meilenstein in der Interpretation der Psalmen stellt H. Gunkels Beobachtung verschiedener Psalmengattungen dar. Für das Vorliegen einer Gattung nennt er drei Kriterien: 1. ein ähnliches Gedankengut, 2. eine annähernd gleiche literarische Form und 3. ein gemeinsamer Sitz im Leben, d. h. derselbe Kontext der Verwendung der Lieder. Für die Psalmen spielt als Sitz im Leben natürlich der Kult am Tempel die Hauptrolle. Daneben darf aber nicht übersehen werden, dass es eine Reihe von Liedern gibt, die nicht unbedingt in den Rahmen einer wie auch immer gestalteten Liturgie gehören, sondern die sehr persönlichen Charakter haben und individuell gebetet worden sind. Dennoch sind wohl alle Psalmen in den Kreisen des weisheitlich-religiösen „Establishments" entstanden. Allein hier gab es die entsprechenden Fähigkeiten zu solcher Dichtkunst und ihrer schriftlichen Fixierung.

Hymnus

Gunkel unterscheidet zwei Haupttypen von Psalmen, die sich im Grunde auch in unseren Gottesdienstliturgien wiederfinden, den Hymnus und die Klage. Ein gleichsam einfaches wie klares Beispiel für den Hymnus ist das sehr alte Mirjamlied Ex 15,21: „Lasst uns dem Herrn singen, denn er hat eine herrliche Tat getan: Ross und Mann hat er ins Meer gestürzt." Der Hymnus beginnt mit der Aufforderung zum Lob Gottes, dem öfter Attribute beigegeben sind. Es folgt mit hebr. „ki" (= „denn" oder auch bekräftigendes „ja") die Begründung für das Lob, die gleichzeitig seinen Hauptteil und wesentlichen Inhalt darstellt. In der weiteren Forschung ist diese Beobachtung Gunkels teils kritisiert, teils weitergeführt worden. Vor allem im Hinblick auf den Inhalt des Hymnus wird zwischen geschichtlichen Ereignissen (wie in Ex 15,21) und eher grundsätzlichen Aussagen über das „Wesen" Gottes differenziert, das sich im hebräischen Denken eher durch seine (wenn auch wiederkehrenden) Taten ausdrückt (z. B. Ps 113). Etwas unsicher ist die Zuordnung des Dankliedes (z. B. Jona 2,3–10), das durchaus hymnische Elemente aufweist, sich aber nicht ganz in die Formensprache des Hymnus einfügt. Das Danklied lässt sich gut im Zusammenhang von Dankopfern vorstellen.

Klage

Lob und Dank steht die Klage diametral gegenüber. Hier ist grundsätzlich zwischen dem Klagelied des Einzelnen und des Volkes zu unterscheiden. Beispiele für Letzteres finden sich u. a. in den Klageliedern. Das Klagelied des Einzelnen zeigt einen klaren Aufbau: Anrufung – Klage (über Gott, eigenes Schicksal, Feinde) – Bitte (entsprechend der Klage) – Vertrauensbekenntnis – Lobgelübde. Ein besonderes Problem stellt die Erhörungsgewissheit am Ende der Psalmen dar. Wie ist das zu verstehen? Eine weit verbreitete Erklärung ist, dass zwischen Klage und Vertrauensäußerung ein priesterliches Heilsorakel gesprochen wurde – dem Beter wurde die Hilfe Gottes zugesprochen. Zwar ist in den Psalmen selbst davon keine Rede, doch finden sich solche Heilsorakel etwa bei Deuterojesaja (z. B. Jes 43,1). Das Fehlen dieser Orakel in den Psalmen hat zu einer anderen möglichen Deutung geführt. Danach richtet sich die Erhörungsgewissheit auf die Zukunft; sie ist Ausdruck des Vertrauens in die Hilfe Gottes. Dazu würde das Gelübde am Ende gut passen. Problematisch ist allerdings die in der Erhörungsgewissheit verwendete Vergangenheitsform des Verbs. Das Klagelied des Einzelnen kann man sich am Tempel, gut aber auch im privaten Rahmen und im Bereich persönlicher Frömmigkeit vorstellen. Vor allem die Themen Krankheit und Tod sowie andere Schicksalsschläge eignen sich gut für solche sehr persönlichen Formen der Klage.

übrige Psalmengruppen

Nicht ganz in das Gunkelsche Schema passen einige andere Psalmengruppen, die zwar durch ihren gemeinsamen Inhalt, nicht aber durch eine gemeinsame strenge Form zusammengehalten werden. Dazu gehören etwa die Vertrauenslieder wie Ps 23 und 27, die Weisheitspsalmen (Ps 1; 19,8–15; 37; 49; 73; 119), in denen die Weisheit besungen wird, die Königspsalmen (etwa Ps 2 (!); 21; 72; 101), die den König in der Nähe Gottes sehen, die Jahwe-Königs-Psalmen (Ps 93–99), die das Königtum Jahwes besingen, die Zionspsalmen (Ps 46; 48; 76), die vorisraelitisch-kanaanäisches Gedankengut aufnehmen und die Wallfahrtslieder (Ps 120–134).

Der Sitz im Leben dieser Gruppen hängt jeweils von ihren spezifischen Inhalten ab. Bis auf die Vertrauenslieder und die Weisheitspsalmen dürften diese Gruppen ihren „Sitz im Leben", d. h. ihre Anwendung im Kult gefunden haben, wobei auch dem König kultische Funktion zukam. Eine ganze Reihe kultischer Psalmen zeigt einen kanaanäischen oder vorderorientalischen Hintergrund, wobei hier wie an anderen Stellen des AT stets zu bedenken ist, dass die israelitische Theologie das übernommene Gedankengut den eigenen theologischen Vorstellungen angepasst hat.

3. Weisheit

Mit den Büchern Hiob, Sprüche und Kohelet kommen wir in den Bereich der altisraelitischen Weisheit. Andere Beispiele für weisheitliches Denken finden sich etwa in der Josephsgeschichte, in den Psalmen und z. T. auch bei den Propheten.

Jahwe als Stifter der Weltordnung

Anders als die griechische Philosophie zielt die Weisheit, die ein allgemein-vorderorientalisches Phänomen ist, auf Lebenspraxis. Es geht der Weisheit darum, die Ordnung der Welt zu erkennen, um sich dann dieser Ordnung gemäß zu verhalten. Wem das gelingt, der wird glücklich und erfolgreich leben. Dabei ist vorausgesetzt, dass es eine solche Ordnung gibt. In Israel, wo (offiziell) nur der eine Gott Jahwe verehrt wird, ist dieser selbstverständlich auch der Stifter der Weltordnung. In diesen Kontext gehört die Vorstellung vom Tun-Ergehen-Zusammenhang oder auch der schicksalwirkenden Tatsphäre. Kurz gesagt: Eine Tat fällt grundsätzlich auf den Täter zurück, sei sie gut oder böse. Je nachdem, wie weit die Religion in den Bereich der Weisheit hineinreicht, wird dieser Zusammenhang entweder als einmal gesetzter Automatismus gesehen oder man rechnet mit dem direkten Eingreifen des souveränen Gottes. In der israelitischen Variante der Weisheit wird zunehmend Gottes Souveränität betont und von einem weitergehenden Automatismus abgesehen.

Göttin Maat

Ähnlich verhält es sich in Ägypten. Hier ist die Göttin Maat als personifizierte Weisheit – ihr Hieroglyphenzeichen ist eine Schreibfeder – für diesen Bereich als „Ressortgöttin“ zuständig. Aber anders als in Israel spielt sie eine große Rolle im Zusammenhang des Totengerichts, wo das Herz des Verstorbenen (der Sitz auch des Denkens und Wollens) gegen die Maat aufgewogen wird.

Die Weisheit ist also ein internationales Phänomen und findet sich in den verschiedenen Kulturen und Religionen des Vorderen Orients nur mit leichten spezifischen Variationen. Im Grunde geht es darum, sich die vorfindliche Welt zu erschließen, um sich mit Erfolg in ihr zurechtzufinden. Alle Fertigkeiten in diesem Zusammenhang dienen der praktischen Lebensführung. So gehören zu den Weisen u. a. die Handwerker, die bestimmte

Fertigkeiten beherrschen, die Klagefrauen, die sich auf die Totenklage verstehen oder die Mitarbeiter der Verwaltung – hier spielt die Fähigkeit des Schreibens eine große Rolle. Und es gehört der Bereich von Erziehung und Ausbildung dazu, wobei hier der private Bereich im Vordergrund steht.

Formen

Weisheitliches Gedankengut wird vor allem in zwei Grundformen überliefert. Zum einen gibt es die sogenannte Listenweisheit. Es werden Listen aller möglichen Naturphänomene angefertigt mit dem Ziel, die Welt durch solche Kategorisierung überschaubar und handhabbar zu machen. Zum anderen gibt es die Lebensweisheit, die auf ethisches Verhalten in allen Lebensbezügen zielt. Zur Darstellung der Lebensweisheit werden verschiedene mündliche und literarische Gattungen benutzt. Dazu einige Beispiele:

- *Mahnwort:* „Rühme dich nicht des morgigen Tages; denn du weißt nicht, was der Tag bringt." (Spr 27,1)
- *Sprichwort:* „Wer eine Grube gräbt, der kann selbst hineinfallen, und wer eine Mauer einreißt, den kann eine Schlange beißen." (Koh 10,8)
- *Komparativer Tob-Spruch*: (tob: hebr.: gut, hier: besser): „Denn ein lebender Hund ist besser als ein toter Löwe." (Koh 9,4)
- *Vergleichswort*: „Ein Fauler wendet sich im Bett, wie die Tür in der Angel." (Spr 26,14)
- *Zahlenspruch*: „Drei sind mir zu wundersam, und vier verstehe ich nicht: des Adlers Weg am Himmel, der Schlange Weg auf dem Felsen, des Schiffes Weg mitten im Meer und des Mannes Weg beim Weibe." (Spr 30,18f.)

4. Hiob

Thema des Buches

Das Hiobbuch gehört zu den Schriften des AT, die am weitesten in unsere Kultur – auch über den Bereich der Religion hinaus – hineingewirkt haben. Das liegt am Thema des Buches, das durch alle literarischen Schichten hindurch konsequent verfolgt wird: der sogenannten Theodizeefrage. Dabei geht es um die allgemein menschliche Frage, warum Menschen Leid erfahren, zugespitzt, warum gerade Menschen, die „unschuldig" sind, die, wie wir sagen, nichts getan haben, anständig, immer nett, hilfsbereit usw. sind, ein schlimmes Schicksal erleiden. Dahinter steht auch bei uns die Idee des Tun-Ergehen-Zusammenhangs, auch wenn wir das so nicht ausdrücken würden und das Problem nicht einmal mehr im Horizont von Theologie und persönlichem Glauben zu verarbeiten suchen. Für manche Menschen ist diese Erfahrung geradezu ein Beweis dafür, dass kein Gott existiert. Neu ist das Problem nicht. Bereits die Menschen im Vorderen Orient lange vor Israel haben diese Fragen gestellt, und die israelitische Weisheit hat sie aufgenommen. Man spricht in diesem Zusammenhang von der Krise der Weisheit, einer Situation, in der der Glaube an den Tun–Ergehen–Zusammenhang und damit an einen nach menschlichen Maßstäben „gerechten" Gott zu zerbrechen droht angesichts schwieriger Lebenssituationen. Das Hiobbuch gibt auf die Grundfrage verschiedene Antworten. Das liegt daran, dass das Buch einen längeren Wachstumsprozess durchlaufen hat, der sich in der bibelkundlichen Übersicht widerspiegelt.

Aufbau

Der älteste Teil des Buches ist die Rahmenerzählung (1f.; 42,7–17). Hiob ist danach ein untadeliger Frommer, dem ein entsprechender Erfolg zuteil wird. Aber nach und nach verliert er alles, was er hat. Trotz dieser Anfechtungen bleibt Hiob standhaft und wird Ende von Gott dafür „belohnt", indem er alles reichlich erstattet bekommt. Der Kern dieser Erzählung ist vermutlich alt, ihre jetzige Fassung aber wohl nachexilisch. Es wird diskutiert, inwieweit die Himmelsszenen mit der Figur des Satan ursprünglich sind. Tatsächlich ist die Vorstellungswelt eher jünger und der Satan – ein Ankläger (das hebräische Wort Satan meint eigentlich zunächst einen Widersacher und nicht ein quasi göttliches Wesen als negativen Gegenpart) – taucht sonst nicht auf. Allerdings bleibt die Rahmenerzählung nach Herauslösen der Himmelsszenen bruchstückhaft, denn in ihnen wird der Grund für Hiobs Schicksal gegeben. Ohne sie bleibt die Sache auf der literarischen Ebene völlig unverständlich. Dieser Teil des Buches ist in Prosa gehalten. Alle übrigen Teile sind poetisch und gegenüber der Rahmenerzählung jünger. In den Kap. 3–27 bleibt der 3. Redegang unvollendet. Hier ist möglicherweise etwas ausgefallen oder wurde unvollständig ergänzt. Auf den Dialog mit den Freunden folgten ursprünglich die Kap. 29–31, in denen Hiob nun Gott selbst seine Klage vorträgt. Daran schloss sich die Antwort Gottes in zwei Redegängen in 38,1–42,6 an. Auch im Blick auf die zweite Gottesrede werden gelegentlich spätere Zusätze vermutet – zwingend ist das nicht. Mit Sicherheit später eingefügt wurden das Weisheitsgedicht in Kap. 28, das dem Menschen die Einsicht in die göttliche Weisheit grundsätzlich abspricht, sowie die Elihureden in Kap. 32–37. Diese Reden kommen an dieser Stelle viel zu spät und Elihu taucht im übrigen Buch nicht mehr auf. Dazu kommt die eigenwillige Deutung des Leidens durch Elihu als Maßnahme göttlicher Pädagogik zur Disziplinierung des Menschen. Das Buch ist zwischen 500 und 200 v. Chr. entstanden; das um 180 v. Chr. entstandene Buch Jesus Sirach kennt es bereits.

Rahmenerzählung

Welche Antwort auf die Grundfrage nach dem Leiden geben die einzelnen Überlieferungstraditionen? Betrachtet man die Rahmenerzählung genauer, so fällt auf, dass sie die Frage nach der Ursache des Leidens eigentlich nicht beantwortet. Hiobs Leiden hat seinen Grund in einer Vereinbarung zwischen Gott und dem Satan, der Hiobs Glauben anzweifelt und ihn mit Genehmigung Gottes immer tiefer in die Krise führt. Abgesehen von diesem künstlichen Element ist die Erzählung an der Frage nach der Ursache nicht wirklich interessiert. Stattdessen rückt etwas anderes ins Zentrum. Es geht um den Glauben in Form von Vertrauen und Treue zu Gott und seine Bewährung. Selbst Hiobs Frau fordert ihn auf, diesen Glauben aufzugeben (2,9). Doch Hiob bleibt fest und wird am Ende belohnt. Der Erzähler wirbt dafür, in Krisensituationen ähnlich standhaft zu bleiben und zu hoffen. Die Frage, ob sich Glauben lohnt, wird nicht kurzfristig in jeder krisenhaften Situation neu entschieden, sondern ist eine Frage des gesamten Lebensentwurfs. Bemerkenswert dabei ist das Gottesbild. In 2,10 erklärt Hiob: „Haben wir Gutes empfangen von Gott und sollten das Böse nicht auch annehmen?" Er wirbt damit für einen Glauben, der Gottes Souveränität anerkennt und gleichzeitig diesem Gott uneingeschränkt vertraut.

Hiob im Dialog

Anders sieht die Sache im poetischen Teil aus. Im Gespräch mit seinen Freunden (3–27) wird die Gültigkeit des Tun-Ergehen-Zusammenhangs mit zunehmender Schärfe diskutiert: Hiob beteuert seine Unschuld, während die Freunde vermuten, dass Hiob Schuld auf sich geladen haben muss, ansonsten bräche die weisheitliche Ordnung auseinander. Damit vertritt der Dialogteil die traditionelle Weisheit. Wenn der Tun-Ergehen-Zusammenhang auch hier durch gegenteilige menschliche Erfahrung in Frage steht, so wird die Antwort darauf doch eher traditionell gegeben im Sinn einer vorliegenden verborgenen Schuld oder gar einer Art „Erbsünde", wonach kein Mensch vor Gott „gerecht" ist.

Hiobs Klage

Gegen die Auffassung der Freunde opponiert Hiob schließlich, indem er sich mit seiner Klage an Gott selbst wendet (29–31). Das Problem des nicht aufgehenden Tun-Ergehen-Zusammenhangs wird in Gott selbst zurückverlagert. Hiob ruft den gerechten Gott gegen den ungerechten Gott an. Damit stehen diese Kapitel theologisch der Rahmenerzählung erstaunlich nahe. Denn hier wie dort wird von einem komplexen Gottesbild ausgegangen und Hilfe jenseits des Tun–Ergehen–Zusammenhangs und seines Automatismus von Gott selbst erhofft.

Gottesreden

In den ursprünglich direkt folgenden beiden Gottesreden (38,1–42,6) nimmt Gott Hiobs Klagen auf und antwortet ihm. Er verweist vor allem auf sein Schöpfungshandeln und fragt Hiob nach dessen Beteiligung daran. So formuliert Gott den unendlichen qualitativen Unterschied zwischen Gott und Mensch als Antwort auf Hiobs Klage. Damit wird Hiob in gewisser Weise das Recht auf eine solche Klage abgesprochen. Zumindest aber wird deutlich, dass der Mensch mit seiner Frage nach dem „Warum" des Leidens nicht durchdringen kann. So kommt das Hiobbuch schließlich als Ganzes zu dem Schluss, dass das menschliche Fragen zu keinem Ergebnis führt. Allerdings bleibt zu bedenken, dass Hiob mit seiner Klage nicht allein bleibt. Immerhin nimmt Gott die Klage an und antwortet, auch wenn die Antwort nicht befriedigt. Vielleicht muss man an dieser Stelle den Blick weg von den Gottesreden hin zur Gesamtkomposition lenken. Es dürfte kein Zufall und nicht nur literarisch begründet sein, dass das Buch mit dem zweiten Teil der Rahmenerzählung endet, in der Hiob für sein Festhalten am Glauben „belohnt" wird. Mit der

Klage vor Gott und Gottes Annahme des Klagenden ist das AT an seine Grenze gekommen. Das NT geht an diesem Punkt einen entscheidenden Schritt weiter mit der Vorstellung des stellvertretenden und mitleidenden Gottes. Menschliche Leiderfahrung wird so in einem völlig neuen Horizont gedeutet. Das komplexe Gottesbild des Hiobbuches hat diese Haltung mit vorbereitet.

5. Sprüche

Das Sprüchebuch setzt sich aus unterschiedlichen Teilsammlungen verschiedener Herkunft zusammen. Es wird in seiner Endfassung Salomo zugeschrieben, den die Tradition als exemplarischen Weisen herausstellt (vgl. etwa 1 Kön 3,12; 5,12) und der auch für andere weisheitliche Schriften als Verfasser vorausgesetzt wird (s. u.). Dass das in diesem Fall nicht stimmen kann, zeigen Überschriften wie z. B. die „Sprüche der Männer Hiskias".

Spr 1–9 Das Buch wird eröffnet durch die jüngste Sammlung in Kap. 1–9. Anders als beim Rest des Buches handelt es sich hier nicht um eine Sammlung von einzelnen Sprüchen, sondern um längere Lehrreden. In ihnen wird die „Furcht Jahwes" als Anfang aller Weisheit herausgestellt (1,7) und dem ganzen Buch als Motto vorangestellt. Bemerkenswert ist die Personifizierung der Weisheit als Frau (8f.) und vor allem die Darstellung als erstes Schöpfungswerk, das gleichsam wie ein Kind vor Gott spielt (8). Eine solche Aussage ist vorexilisch kaum denkbar. Die Weisheit hat sich hier fast in Form einer Hypostase (griech.: Erscheinungsform) Gottes verselbstständigt, ähnlich etwa dem „Namen Gottes", der in manchen Texten ein Eigenleben zu führen scheint (vgl. etwa Dtn 12,11). In jedem Fall belegen solche Aussagen den hohen Stellenwert der Weisheit in den Verfasserkreisen und in der israelitischen Gesellschaft überhaupt.

Spr 10,1–22,16 Die älteste Sammlung des Buches liegt mit 10,1–22,16 vor. Es handelt sich um einzelne Sprüche, die jeweils in kleineren thematischen Einheiten zusammengefasst sind. Möglicherweise war die Sammlung zweigeteilt. Im ersten Teil herrschen Sprüche über das individuelle Leben in eher agrarischen Strukturen vor, im zweiten Teil kreisen die Sprüche um den Bereich der öffentlichen Verwaltung mit einem eher städtischen Hintergrund. Sie dienten vermutlich der Ausbildung der königlichen Administration. Die Teilsammlung wird bereits vorexilisch, etwa im 8. Jh. v. Chr. zusammengefasst worden sein.

Spr 22,17–24,22

Beachtenswert ist die Sammlung 22,17–24,22. Zu diesen Sprüchen liegt eine ägyptische Parallele aus dem 12. Jh. v. Chr. vor, die „Lehre des Amenemope". Es besteht ein direkter Bezug zwischen diesen beiden Überlieferungen, ohne dass Israel die ägyptische Weisheitslehre ungeprüft übernommen hätte. Die Tatsache, dass eine solche Übernahme überhaupt möglich war, zeigt, dass die Weisheit tatsächlich ein internationales Phänomen und keineswegs an eine bestimmte Religion gebunden war. Zwar bringen die unterschiedlichen Religionen ihr Spezifikum mit ein, im Grundsatz bleibt die weisheitliche Denkweise aber unangetastet. Nicht umsonst war es etwa den israelitischen Königen – vor allem in der Anfangsphase des Staates – möglich, ihre Führungskräfte in der Verwaltung in Ägypten oder mit ägyptischer Hilfe ausbilden zu lassen.

Spr 25–29

In den Kap. 25–29 finden sich die „Sprüche der Männer Hiskias". Die Sammlung gleicht der salomonischen Sammlung, und es spricht nichts dagegen, die Angaben über die Sammler und Tradenten ernst zu nehmen. Die Texte entstanden demnach in der Zeit um 700 v. Chr. in höfischen Kreisen Jerusalems.

Spr 30f.

Nachexilischen Ursprungs sind die beiden letzten Kapitel 30 und 31. In Kap. 30 wird die Weisheit als göttlich inspiriert und damit als theologisch durchgeformt gesehen, ähnlich wie in Kap. 1–9. Die Idee der personifizierten Weisheit tritt in Kap. 31 wieder auf, was ebenfalls eine späte Entstehungszeit nahelegt.

gesellschaftlicher Hintergrund

Aus welchem gesellschaftlichen Kontext stammen die Weisheitssprüche? Diese Frage wird man differenziert beantworten müssen nach den behandelten Themen. So haben nicht wenige Sprüche ihren Ursprung im Lehrbetrieb der königlichen Verwaltung, wo befähigte Menschen zu Schreibern ausgebildet wurden. Ihre Existenz ist notwendig für die öffentliche Verwaltung und damit letztlich für das Funktionieren des Staates. Dabei geht es aber nicht nur um das Erlernen technischer Fähigkeiten, sondern gleichzeitig um eine bestimmte Ethik des Herrschens. Die Weisheit zeigt hier einen deutlichen Bezug zur Religion. Denn das Königtum mit seinen praktischen Folgen ist ohne Rückbezug auf den jeweiligen Gott im Vorderen Orient nicht denkbar.

Andere Sprüche, die sich mit dem Alltagsleben oder der Erziehung der Kinder allgemein beschäftigen, haben ihren Ursprung eher in der Familie bzw. der Sippe, sodass man hier von „Sippenweisheit" spricht. Für die größeren, schriftlichen Sammlungen dürften in jedem Fall aber weisheitliche Kreise im Umfeld des Hofes verantwortlich sein, denn nur hier gab es die notwendigen Ressourcen.

6. Die fünf Megillot

Feste Die im hebräischen Text zu einer kleinen Sammlung zusammengefügten Bücher finden sich in der LXX, der Vulgata und in den modernen Übersetzungen an unterschiedlichen Stellen. Sie sind dort nach vermeintlich sachlichen oder chronologischen Gesichtspunkten eingeordnet. Die fünf Megillot (hebr.: [Fest–] Rollen) werden im Judentum zu verschiedenen Festen gelesen. Bereits in atl. Zeit waren Ester dem Purimfest und die Klagelieder dem Gedenktag der Zerstörung Jerusalems zugeordnet. Im Mittelalter folgte die Verbindung von Hohelied und Passa, Ruth und dem Wochenfest (hebr.: Sch^{e}wuot) sowie Kohelet und dem Laubhüttenfest (hebr.: Sukkot).

Ruth Das Buch Ruth erzählt von Noomi und ihrer Familie, die wegen einer Hungersnot von Israel nach Moab auswandert. Dort heiraten ihre Söhne, die bald darauf sterben. Die moabitische Schwiegertochter Ruth begleitet Noomi zurück nach Israel, wo sie sich um ihre Schwiegermutter kümmert und durch ihre Heirat mit Boas, einem Verwandten Noomis, den Familienbesitz und auch das Fortbestehen der Familie sichert. Nach dem Stammbaum am Ende des Buches wird sie zur Urgroßmutter Davids. Diesem Umstand verdankt das Buch seine Position in LXX und Vulgata nach dem Richterbuch und vor dem 1. Samuelbuch.

Sicher ist, dass die Genealogie (= Stammbaum) in 4,18–22 sekundär angefügt wurde. Das Buch selbst wirkt relativ einheitlich. Lediglich die Entstehungszeit steht in Frage. War man früher geneigt, wegen des Lokalkolorits und der Beschreibung alter

Rechtsbräuche das Buch vorexilisch anzusetzen, hält man heute eher die nachexilische Zeit für wahrscheinlich; eine genauere Einordnung scheint kaum möglich. Für eine späte Entstehungszeit spricht vor allem die kunstvolle Gestaltung der Erzählung, die meist als Novelle charakterisiert wird und damit der Josefsgeschichte gleicht.

Auch gehört eines der Themen des Buches in diesen Bereich. Die Moabiterin Ruth wird in jeder Hinsicht positiv gezeichnet. Das gilt hinsichtlich ihres Verhaltens gegenüber der israelitischen Schwiegermutter sowie im Hinblick auf die Einhaltung alter israelitischer Bräuche und Rechtstraditionen. Ähnlich positiv wird das Verhalten von Fremden im nachexilischen Jonabuch herausgestellt. Schließlich wird Ruth zur Urgroßmutter Davids, womit der moabitische Hintergrund der Davidfamilie, der historisch gesichert erscheint, erklärt und positiv herausgestellt wird, zumal das Dtn (23,4f.) eine ablehnende Haltung Moab gegenüber vertritt. Hinter dem Verlauf der Ereignisse wird Jahwe als letztendlich verantwortlich gesehen – eine theologische Haltung, wie sie vor allem in der traditionellen Weisheit beheimatet ist.

Besondere Beachtung verdient der Rechtsbrauch der „Lösung". Dabei handelt es sich um eine Art Vorkaufsrecht (und -pflicht) des nächsten Verwandten eines Verstorbenen, um dessen Besitz für die Familie zu erhalten. Dahinter steht die Idee der Nahala, des „Erbteils". Danach hat Israel das Land von Jahwe nur verliehen bekommen. Es ist daher unverkäuflich und muss im Besitz der Familie bleiben. Kombiniert mit dem Vorkaufsrecht ist hier die sog. „Leviratsehe" (Dtn 25,5–10), wonach der nächste Verwandte eines Verstorbenen verpflichtet ist, dessen Witwe zu heiraten. Das erste aus einer solchen Verbindung hervorgehende Kind gilt als Nachkomme des Verstorbenen. Der Begriff des „Lösers" (hebr. = Goel) taucht bei Hiob in einem anderen Kontext wieder auf (Hi 19,25) und wird von Luther als „Erlöser" übersetzt. Er zeigt damit an, dass sich der ursprünglich juristische Begriff in einen Theologischen gewandelt hat.

Hohelied

Das Hohelied (hebr.: Schir Haschschirim = Lied der Lieder) war in seiner Zugehörigkeit zum Kanon lange umstritten. Dass es schließlich doch dauerhafte Aufnahme fand, verdankt es einerseits seiner fiktiven Zuschreibung zum König Salomo, der als beispielhafter Weiser galt, wozu auch das Dichten von Sprüchen und Liedern gehörte (vgl. 1 Kön 5,12f.). Wichtiger aber war die Deutung des Inhalts. Dabei handelt es sich ursprünglich um verschiedene Liebeslieder ohne religiösen Bezug. In den einzelnen Liedern wird das Verhältnis von Mann und Frau im Blick auf Liebe und Erotik besungen. Möglicherweise wurden diese Lieder im Zusammenhang von Hochzeitsfeiern vorgetragen. Im biblischen Kontext wurden sie dann allegorisch als Bilder für das Verhältnis von Jahwe und Israel gedeutet. Dafür gab es in der älteren Literatur durchaus Anknüpfungspunkte, so etwa bei den Propheten (z. B. Hosea) oder auch im Dtn, das die Liebe Gottes zu seinem Volk thematisiert (vgl. etwa Dtn 7,7). Die christliche Kirche veränderte den Deutungshorizont und sah das Verhältnis von Christus zu seiner Kirche vorabgebildet. Beide Deutungen sind ein wenig gezwungen und werden heute theologisch nicht mehr vertreten, ebenso wie die Vermutung, es könne sich bei den Liedern um Chiffren für eine Götterhochzeit handeln. Stattdessen tritt die ursprüngliche Bedeutung und Funktion der Liebeslieder in den Vordergrund – dabei wird auch die aktive und positive Rolle der Frau hervorgehoben und die Dichtung im Bereich der Schöpfungstheologie (und gegen eine angebliche oder tatsächliche Leibfeindlichkeit der Religion) stärker akzentuiert.

Über die Entstehungszeit lässt sich wenig Sicheres sagen. Einzelne Lieder können durchaus alt sein, wenngleich Sprache und Dichtkunst eher an eine spätere Zeit denken lassen. Der Stil und einige Hinweise in den Liedern lassen an Jerusalem als Entstehungsort denken. Die Sammlung selbst ist in jedem Fall nachexilisch anzusetzen, wie auch die späte Aufnahme in den Kanon belegt.

Kohelet

Das Buch Kohelet ist eines der interessantesten und problematischsten Bücher des AT. Das beginnt bereits bei der Überschrift. Kohelet ist ein feminines Partizip, das möglicherweise ein Amt in einer Gemeindeversammlung (hebr.: Qahal) bezeichnet. Aus den Andeutungen im Buch selbst hat man in der Tradition auf Salomo als Verfasser geschlossen, was in keinem Fall stimmen kann. Die LXX bietet den Titel „Ecclesiastes“, was Luther

– nicht unzutreffend – mit „Prediger (Salomo)“ übersetzt hat. Die Zuschreibung zu Salomo war es u. a., die dem Buch einen Platz im Kanon gesichert hat. Dazu beigetragen haben auch zwei Nachträge am Ende des Buches. In 12,9–11 wird Kohelet, möglicherweise von einem Schüler, der den Stoff zusammengestellt hat, als Weisheitslehrer charakterisiert. Der zweite Nachtrag in 12,12–14 sieht ihn darüber hinaus im Rahmen der traditionellen Weisheit. Von hier aus erfolgte auch eine Überarbeitung des gesamten Buches, die entgegen der Intention Kohelets die ältere, orthodoxe Weisheit zur Geltung bringen will und so dessen eigenwillige Theologie einebnet.

Kohelet setzt sich am deutlichsten von allen alttestamentlichen Schriften mit der traditionellen Weisheitslehre auseinander. Er beobachtet, dass der Tun-Ergehen-Zusammenhang so nicht mehr aufrecht zu erhalten ist. Zu deutlich ist für ihn das Schicksal des Menschen nicht durch sein Tun beeinflusst, weder im Guten noch im Bösen. So hat der Fromme bzw. der Gerechte oder Weise keinen Vorzug vor dem Frevler, dem Gottlosen o. ä. Welchen Schluss zieht er daraus? Für Kohelet ist die Ordnung der Welt nicht erkennbar, ebenso wenig wie Gott selbst. Kohelet zweifelt nicht an der Existenz Gottes oder der Ordnung, wohl aber daran, dass Gott oder sein Handeln für den Menschen erkennbar wären. Daraus zieht er die Konsequenz, dass es für den Menschen am besten ist, das Leben so anzunehmen wie es ist, sich am Guten zu freuen und Schlechtes auszuhalten. Da Kohelet kein Leben nach dem Tod kennt, gibt es auch keinen Ausgleich im Jenseits – der Mensch ist ganz auf seine Gegenwart gewiesen. Trotzdem oder gerade deshalb hält Kohelet am Glauben fest – die Gottesfurcht spielt eine zentrale Rolle. Daraus resultiert letztendlich auch ein entsprechendes ethisches Verhalten.

Die Sprache des Buches, das sich schlecht gliedern lässt, ist relativ jung, und auch die Thematik wie ihre Verarbeitung deuten auf Berührungen mit griechischer Philosophie hin. Kohelet wird darum etwa im 3. Jh. v. Chr. entstanden sein.

Klagelieder

Die Klagelieder (hebr.: ekah = „ach!“; griech.: Threni = Tränen) werden in der Tradition dem Propheten Jeremia zugeschrieben und darum in LXX und Vulgata an das Buch Jeremia angeschlossen. Richtig daran ist, dass die Lieder im 6. Jh. v. Chr., genauer in der Exilszeit, entstanden sind und sich ausführliche Klagen auch bei Jeremia finden. Allerdings kann diese Zuweisung nicht stimmen. Die Form der Lieder weist auf unterschiedliche Verfasser hin, und der Inhalt bedenkt die Zerstörung Jerusalems und das Exil nach 587 v. Chr., eine Zeit, in der Jeremias Wirksamkeit beendet ist.

Es handelt sich um eine Sammlung von fünf eigenständigen Liedern, die der Form des Klageliedes bzw. der Leichenklage folgen. Die ersten vier Lieder (= Kapitel) sind in je 22 Strophen gegliedert, die jeweils mit dem folgenden Buchstaben des Alphabets beginnen, ein sogenanntes Akrostichon (griech. = gleicher Versanfang). Das fünfte Lied besteht aus 22 Versen mit gleicher Form. In den Kapiteln 1, 2, 4 und 5 herrscht das Klagelied des Volkes vor, Kapitel 3 ist ein Klagelied eines Einzelnen. Vorgetragen wurden die Lieder bei Fasten- und Klagefeiern in der Exilszeit, in denen das Schicksal Judas und Jerusalems im Lande selbst beklagt wurde.

Theologisch stehen die Klagelieder dem DtrG (s. o. 2.1.2), das aus derselben Zeit stammt, nahe. In ihnen beklagen die Menschen ihr Schicksal, nehmen es aber aus der Hand Gottes an. Sie sehen darin die (verdiente) Strafe Gottes, wie sie die Gerichtspropheten immer wieder angekündigt hatten. Allerdings bleibt auch Raum für Hoffnung. So wird der strafende Gott um Hilfe und Rettung jenseits des Gerichts angerufen (3,31). Hier wie in anderer exilischer und nachexilischer Literatur zeigt sich ein Wesenszug israelitischen Glaubens: Gott wird nicht nur für das Gute reklamiert, sondern das Gottesbild und der Glaube sind komplexer. Gutes wie Böses wird aus seiner Hand angenommen. Für einen Dualismus ist (noch) kein Raum.

Ester Das Buch erzählt vom Schicksal der Jüdin Ester und ihres Volkes in der Umgebung des persischen Hofes in Susa zur Zeit des Königs Xerxes I (485–465 v. Chr.). Nachdem er seine Frau verstoßen hat, wählt sich der König Ester als neue Königin. Ihr gelingt es, einen Anschlag Hamans, eines hohen amalekitischen Beamten am persischen Hof, auf die jüdische Bevölkerung im persischen Reich zu vereiteln. Der Vernichtungsplan fällt auf Haman und seine Sympathisanten zurück. Esters Onkel Mordechai, der Haman widerstanden hatte, wird der Zweite im Staat und die Juden feiern das Purimfest aus Dankbarkeit für ihre Rettung.

Das Esterbuch ist als Novelle, evtl. auch als historischer Roman zu klassifizieren. Es zeugt von gewisser Kenntnis persischer Gepflogenheiten, ist aber wegen vielerlei Ungereimtheiten kaum historisch. Die Verfolgungssituation passt nicht in die persische Zeit, wohl aber in die hellenistische Periode. So dürfte das Buch im 3./2. Jh. v. Chr. in der östlichen Diaspora entstanden sein.

Theologisch ist das Buch zwiespältig, was zu immer neuen Diskussionen über seine Kanonizität bis in die Reformationszeit hinein geführt hat. Einerseits erzählt es vom vorbildlichen Verhalten der jüdischen Protagonisten in nicht-jüdischer Umwelt. Mordechai bleibt fest in seinem Glauben, und Ester lässt nichts unversucht, ihr Volk zu retten. Die Beachtung des 1. Gebots steht im Vordergrund. Andererseits spielt der Vergeltungsgedanke, verbunden mit der Idee der Überlegenheit des eigenen Volkes, im zweiten Teil eine bestimmende Rolle, wie sie in der Rache der Juden an ihren ehemaligen Verfolgern zum Ausdruck kommt. Insgesamt zeugt das Buch vom verborgenen Handeln Gottes in der Geschichte, der sein Volk letztendlich führt und schützt. Direkt erwähnt wird Gott jedoch nicht.

Das Purimfest, dessen Festlegende das Buch durch seinen Schluss wird, ist dem Stoff vermutlich vorgegeben, ohne dass die genauen Hintergründe dieses Festes erhellt werden könnten. Wahrscheinlich wird auch hier ein jahreszeitliches Fest mit der Geschichte verknüpft und so neu orientiert. In den östlichen Raum deuten die Namen Mordechai (≈ Marduk) und Ester (≈ Ischtar). Alles Weitere wäre Spekulation.

7. Daniel

Entstehung des Danielbuches

Das Danielbuch ist deutlich zweigeteilt. In den Kap. 1–6 finden sich mehrere Geschichten über Daniel (und seine Freunde) in der 3. Person. Diese Geschichten spielen in der Übergangszeit vom neubabylonischen zum persischen Reich (Mitte 6. Jh. v. Chr.). Die Kap. 7–12 bieten Visionen und Zukunftserwartungen. Bemerkenswert ist, dass die Kap. 2,4b–7,28 in Aramäisch geschrieben und die Kap. 2 und 7 weitgehend parallel gestaltet sind. Daraus ergibt sich für die Entstehung des Buches folgendes Bild: Die Kap. 1–6 entstanden vermutlich zuerst und waren Aramäisch geschrieben. Dahinter steht eine ältere Tradition über einen beispielhaften Weisen namens Daniel (die Danielfigur begegnet im Alten Orient und in Ez 14,14.20; 28,3). Später angefügt wurden die Kap. 7, das Kap. 2 aufnimmt und aktualisiert, sowie Kap. 8–12. Im Zuge dieses Wachstums wurden Kap. 1,1–2,4a ins Hebräische übersetzt. Der erste Teil wird mit deutlichem Abstand zum 6. Jh. v. Chr. entstanden sein, denn die historischen Angaben der Kap. 1–6 sind ungenau und teilweise falsch; dennoch zeigen sie eine gewisse Kenntnis der Verhältnisse. Die Visionen haben als letzten historischen Anhaltspunkt die Ereignisse um Antiochus IV. (s. o. 1.4.4) im Blick, also etwa das Jahr 168 v. Chr. Von der Neueinweihung des Tempels und dem Tod des Antiochus weiß der Verfasser noch nichts. Das führt in die Zeit zwischen 167–165 v. Chr. In dieser Zeit dürfte die späteste Bearbeitung bzw. Abfassung des zweiten Teils anzusetzen sein.

Stellung im Kanon

Mit diesem späten Entstehungsdatum – Daniel ist das jüngste Buch des AT – ist Daniel nicht mehr in den Prophtenkanon gekommen, der um 200 v. Chr. bereits festlag. Da der Inhalt einen teilweise prophetischen Hintergrund zeigt, wurde es in der LXX und den abhängigen Übersetzungen hinter Ezechiel und vor dem Zwölfprophetenbuch eingeordnet. In LXX und Vulgata finden sich auch insgesamt vier umfangreiche Ergänzungen (Gebet Asarjas, Gesang der drei Männer im Feuerofen, Bel und der Drache, Susanna). Der Verfasser des Buches dürfte im Kreis der schriftgelehrten Frommen, der Chassidim, zu suchen sein. Er steht in der Tradition der älteren Prophetie und der Weisheit, schafft aber mit seinem Buch eine neue Gattung, die Apokalyptik.

Apokalyptik

Das Danielbuch ist das einzige apokalyptische Buch des AT. Der Apokalyptik (griech.: apokalypto = offenbaren) geht es um die Aufdeckung des (verborgenen) Handelns Gottes in der Welt. Das betrifft sowohl die Vergangenheit wie die Zukunft. In den Erzählungen von Dan 1–6 geht es um die Treue und Glaubensfestigkeit der Protagonisten einerseits, andererseits aber auch um das Handeln Gottes an seinen Gläubigen. Dieses zeichnet sich aus vor allem durch die Bewahrung in Krisensituationen und wird so zu einem Beispiel und Anreiz für gegenwärtiges Verhalten. Daneben ist aber vor allem die erwartete Zukunft im Blick des Apokalyptikers. Diese Zukunftserwartung wird bestimmt durch die bedrückende Gegenwart. Das Danielbuch entsteht in der Zeit der Bedrückung durch Antiochus IV. im Kontext der makkabäischen Erhebung. Die Mitglieder dieser Gruppe müssen leidvoll erfahren, dass gerade ihr Einsatz für den Glauben nicht „belohnt" wird, sondern dass Menschen im Kampf für diesen Glauben und für die Freiheit der Jahweverehrung ihr Leben lassen müssen. Der alte Tun-Ergehen-Zusammenhang steht einmal mehr vor einer schweren Prüfung. Aus diesem Erleben heraus entsteht im 2. Jh. v. Chr. in Israel die Hoffnung auf die Auferstehung, verbunden mit dem Gedanken eines Endzeitgerichts und der Aufrichtung der uneingeschränkten Herrschaft Gottes. Eine zentrale Figur ist dabei der „Menschensohn". Die neutestamentlichen Vorstellungen über die Gottesherrschaft (oder die Herrschaft des Himmels, des Himmelreiches) ist von hier aus stark beeinflusst.

Visionen

Geschichtsverlauf wie auch Zukunftserwartung werden in der Apokalyptik gerne in Visionen gekleidet, die nur für die Eingeweihten deutbar sind. So finden sich in Dan 2 und 7 die Visionen der aufeinander folgenden Weltreiche, deren Qualität ständig abnimmt und die in der Person Antiochus IV. ihr endgültiges Ende finden. Die vier Weltreiche, ursprünglich wohl Babylonien, Medien, Persien, Griechenland, wurden später in anderer Folge auf Rom hin gedeutet. Die Offenbarung des Johannes nimmt hier Anleihen auf. Die verschiedenen Deutungsmöglichkeiten weisen auf das Hauptproblem der apokalyptischen Literatur bis in die Gegenwart hin: Die bewusst verschlüsselte Ausdrucksweise lässt Raum für alle möglichen und vor allem unmöglichen Spekulationen. Nicht umsonst erfreut sich die apokalyptische Literatur der Bibel vor allem in (pseudo-)christlichen Randgruppen größter Beliebtheit.

8. Chronistisches Geschichtswerk

Bestandteile In der Forschung besteht weitgehende Einigkeit darüber, dass die letzten Bücher des hebräischen Kanons, die Bücher Esra, Nehemia und die beiden Chronikbücher zusammengehören und das sogenannte Chronistische Geschichtswerk bilden. Dafür spricht eine enge sprachliche und thematische Verwandtschaft sowie die Tatsache, dass das Ende des 2. Chronikbuches mit dem Anfang des Esrabuches identisch ist. Vermutlich wurden zunächst die Bücher Esra und Nehemia in den Kanon aufgenommen. Denn in ihnen wird Neues aus der nachexilischen Periode Judas berichtet. Die Chronikbücher hingegen wiederholen im Wesentlichen den Stoff des DtrG (s. o., 2.2.2), sodass zunächst keine Notwendigkeit der Berücksichtigung vorlag. Gelegentliche von dieser Sichtweise abweichende Erklärungsmodelle haben sich in der Forschung nicht durchgesetzt. Die dort beobachteten Differenzen beider Überlieferungskomplexe dürften auf die unterschiedliche geschichtliche Thematik sowie die unterschiedliche Quellenlage zurückzuführen sein.

Entstehungszeit Als Entstehungszeit wird meist die 1. Hälfte des 4. Jh. v. Chr. angenommen, da sich keine Hinweise auf die griechische Periode (nach 333 v. Chr.) finden. Falls die Spätdatierung Esras richtig ist (s. u.), kommt als frühester Zeitpunkt der Anfang des 4. Jh. in Frage. Die Verfasser, eher eine Schule als ein Einzelner, sind im Umkreis des Jerusalemer Tempels unter der dortigen Priesterschaft oder im direkten Umfeld zu suchen, wie das besondere Interesse am Tempelkult nahelegt.

Chronik Die Chronik (hebr.: dibre hajjamim ≈ Tagebücher) [der Begriff Chronik geht auf den Kirchenvater Hieronymus zurück] wiederholt im Wesentlichen den Inhalt des DtrG mit einem genealogischen Vorbau in 1 Chr 1–9, der aus dem Pentateuch heraus entwickelt ist. Man könnte die Chronik als tertiäre Geschichtsschreibung bezeichnen. Denn bereits das DtrG bedient sich älterer Quellen, ist also selbst sekundär. Wenn im 4. Jh. v. Chr. ein solches Unternehmen in Angriff genommen wird, dann steckt dahinter eine vor allem theologisch motivierte Absicht, denn neue Quellen hat die Chronik nicht zur Verfügung, auch wenn sie selbst z. T. anderes behauptet (1 Chr 29,29; 2 Chr 16,11).

Theologie der Chronik

Ein wesentlicher Aspekt ergibt sich bereits aus der Anordnung und Gliederung des Materials. In der chronistischen Darstellung nehmen David (1 Chr 10–29) und Salomo (2 Chr 1–11) breitesten Raum ein – die übrige Geschichte vor und nach diesen Königen bleibt dagegen deutlich zurück. Dazu passt, dass die Chronik David idealisiert, indem sie alle problematischen Züge dieses Königs (Ehebruch mit Batseba, Absalomaufstand u. ä.) verschweigt. Ohne dass der Begriff oder die Idee des Messias in der Chronik eine Rolle spielen, wird das Bild Davids deutlich überhöht. Bei der Darstellung der Könige – es werden nur die judäischen erwähnt! – steht nicht deren politisches Wirken sondern ihre Bedeutung für den Tempelkult im Vordergrund. Diese Tendenz beginnt bei David und wird bei Salomo stark herausgestellt. Überhaupt zeigt die Chronik starkes Interesse am Jerusalemer Tempel und seinem Opferkult. In diesen Kontext gehört letztlich auch eine weitere Intention, die Abgrenzung gegenüber Fremden. Diese gilt hinsichtlich der samaritanischen Gemeinschaft, verstärkt aber gegenüber allen Nichtisraeliten. Betont wird von den Chronisten der Tun-Ergehen-Zusammenhang, der für sie ungebrochen in Geltung zu sein scheint. Das geht so weit, dass sie ihre Geschichtsdarstellung dieser Ideologie unterordnen und sie an diese anpassen. So wird etwa dem König Manasse, der im 7. Jh. v. Chr. eine sehr lange Zeit regiert hat und im DtrG negativ beurteilt wird, eine Bekehrung zugeschrieben. So erklärt sich für die Chronisten die lange Regierungszeit, die sonst nicht vorstellbar wäre. Insgesamt gibt die Chronik damit ein gutes Bild der religiösen und politischen Zustände der Perserzeit. Tempelkult und Thorafrömmigkeit stehen im Mittelpunkt des Interesses. Die Politik tritt dahinter deutlich zurück, die persische Herrschaft wird akzeptiert und für eigene politische Ambitionen bleibt bewusst wenig Raum.

Esra/ Nehemia

Die Bücher Esra und Nehemia erzählen von der jüngeren Vergangenheit der chronistischen Erzähler. Beginnend im 6. Jh. v. Chr. geht es um die Heimkehr aus dem Exil, den Wiederaufbau des Jerusalemer Tempels, der Stadt und ihrer Befestigungsanlagen sowie zentral um die Neugestaltung und Konsolidierung der Jerusalemer Gemeinde. Anders als in der Chronik greifen die Verfasser hier auf ältere Quellen zurück. Dazu gehört vor allem die „Geschichte Nehemias“ (s. u.), die im Stil eines Ich-Berichts von seinem Auftrag in Jerusalem berichtet. Diese Ich-Form sowie die wiederkehrenden Gebetsformeln weisen die Überlieferung als eigenständig aus. Es handelt sich dabei um eine Art Rechenschaftsbericht Nehemias. Analog dazu hat man in Esra 7–10; Neh 8(–10) eine Geschichte Esras (s. u.) vermutet, die teilweise ebenfalls als Ich-Bericht stilisiert ist. Allerdings ist die Überlieferung weit weniger einheitlich und nicht so klar vom chronistischen Stil zu unterscheiden, sodass man eher davon ausgeht, dass die Chronisten für diese Texte verantwortlich sind und sie in Anlehnung an die Nehemiageschichte verfasst haben. Denkbar wäre allenfalls, dass sich älteres Material in Esra 7,12ff. und 8,1–11 findet. Auf eine ältere Quelle dürfte die Chronik Jerusalems in Esra 4,6–6,15 zurückgehen. Dieser Abschnitt ist in Aramäisch verfasst und enthält in 6,3–5 das Tempelbauedikt des Kyros.

Zeitumstände

Nach der biblischen Darstellung wird der Priester Esra von Artaxerxes nach Jerusalem entsandt, um dort das „Gesetz des Himmelsgottes“ in Geltung zu setzen. Es entspricht persischem Brauch, den eroberten Völkern ihr eigenes Recht zu belassen. Fraglich ist, ob und wenn ja welche biblische Überlieferung dahinter steht. In der Forschung hat man die Frage zwischen dem Pentateuch als Ganzem und dem Kern des dtn Gesetzes (Dtn 12–26) als extremen Eckpunkten diskutiert. Genaueres wird kaum herauszufinden sein. Sicher ist, dass Esra im Zuge dieser Maßnahme gegen kultische Missstände und in diesem Zusammenhang auch gegen Mischehen vorgeht – ein Beitrag zur Abgrenzung des Gottesvolkes von seiner Umwelt.

Nehemia, der ebenfalls von der persischen Verwaltung entsandt wird, ist eher politisch tätig. Zwischen 445–433 v. Chr. sorgt er für den Wiederaufbau der Befestigung Jerusalems. Dabei kommt es zu Konflikten mit der persischen Verwaltung in Samaria, zu dessen Einflussbereich Jerusalem zunächst gehörte. Juda wird schließlich aus deren Verwaltung heraus gelöst und zu einer eigenständigen Provinz mit Nehemia als Statthalter. Umstritten ist, ob die im biblischen Text erkennbare Reihenfolge Esra

– Nehemia korrekt ist, oder ob Nehemia vor Esra wirkte. Sachlich spricht einiges für diese Vermutung, denn das Wirken Esras setzt die politischen Maßnahmen Nehemias voraus. Das Problem lässt sich relativ einfach dadurch lösen, dass man annimmt, Esra sei nicht von Artaxerxes I. (regierte 465–424 v. Chr.), sondern von Artaxerxes II. (regierte 404–359/8 v. Chr.) beauftragt worden, was dem biblischen Text nicht entgegensteht. Damit wäre Esra statt im Jahr 458 im Jahr 398 v. Chr. nach Jerusalem gesandt worden.

Wie auch immer – Esra und Nehemia sind maßgeblich am inneren und äußeren Aufbau Judas und Jerusalems beteiligt und somit mitverantwortlich für die Erscheinungsform des Judentums als Kultgemeinschaft, das unter fremder politischer Herrschaft mit teilweise eigenen politischen Befugnissen ausgestattet ist, wie es uns zur Zeit des NT entgegentritt.

Fragen:

Fragen

1. Kennen Sie die Bücher, die zu den „Schriften“ gehören, und ihren wesentlichen Inhalt?
2. Können Sie die israelitische Weisheit charakterisieren?
3. Können Sie Psalmen nach ihren wesentlichen Gattungen unterscheiden?
4. Welche Unterschiede bestehen zwischen dem DtrG und dem ChrG?

3. Grundgedanken zu einer Theologie des Alten Testaments

3.1 Vielfalt und Einheit des Alten Testaments

Aufgabe einer Theologie des AT

Es ist die Aufgabe einer Theologie des AT, die Vorstellungen über Gott, die Lebensäußerungen der Religion und das besondere Verhältnis zwischen Gott und Mensch und die Folgerungen daraus, wie sie im AT dargestellt werden, systematisch aufzuarbeiten und in einen Gesamtzusammenhang zu stellen. Nach dem, was bisher über die Entstehung des AT gesagt wurde, ist das nicht unproblematisch. Denn das AT ist vielstimmig. Das liegt an dem Entstehungszeitraum von ca. 1000 Jahren (ohne die Phase der mündlichen Tradition) und hat zu tun mit den unterschiedlichen Tradentengruppen und ihrem jeweils verschiedenen sozio-kulturellen und religiösen Lebenshintergrund.

Theologie und Religionsgeschichte

Eines der großen theologischen Werke des 20. Jh., die „Theologie des Alten Testaments" von Gerhard von Rad, geht darum konsequent den Weg der Differenzierung – die unterschiedlichen Bücher des AT werden je für sich dargestellt, ohne nach einem verbindenden Element zu fragen. Neuere Entwürfe versuchen dagegen wieder eine systematische Darstellung, durchaus unter Berücksichtigung des Wachstumsprozesses der Schriften und unter Aufnahme der Forschungsergebnisse der letzten Jahrzehnte. Ein bewusster Gegenentwurf liegt mit der „Religionsgeschichte des Alten Testaments" von Rainer Albertz vor. Er will angesichts der beschriebenen Schwierigkeiten und mit Blick darauf, dass das AT für einen christlichen Theologen zunächst einmal ein fremdes Buch ist (dazu weiter unten), die Geschichte der atl. Religion quasi von außen in ihren Veränderungsprozessen beschreiben.

Mitte des AT?

Bei der Suche nach dem inneren Zusammenhalt des AT hat sich u. a. das Erste Gebot als mögliches Zentrum atl. Vorstellungen herausgebildet. Wenn man mit dem Begriff „Mitte" vorsichtig umgeht und ihn nicht zu starr handhabt, erscheint mir das ein gangbarer Weg, wesentliche Inhalte der alttestamentlichen Religion auch im Kontext des Christentums zu verstehen und für die eigene Religion und den Glauben fruchtbar zu machen. Allerdings darf bei allen theologischen Äußerungen nicht übersehen werden, dass wir es beim AT mit dem Spiegel der offiziellen Religion zu tun haben. Teilweise durch die Texte hindurchschimmernde Praktiken und vor allem archäologische Funde zeigen, dass die von den Menschen gelebte Religion durchaus andere Formen und Vorstellungen kannte – das ist bis heute nicht anders.

3.2 Das Erste Gebot als Schlüssel zum Verstehen des Alten Testaments

„Ich bin Jahwe, dein Gott, der ich dich aus Ägypten, aus der Knechtschaft, geführt habe. Du sollst keine anderen Götter neben mir haben." (Ex 20,2f.; Dtn 5,6f.)

Jahwe und Vätergötter

Dieser allgemein als Erstes Gebot bekannte Text besteht aus zwei ursprünglich selbstständigen Teilen. „Ich bin Jahwe, ... geführt habe" ist eine Selbstvorstellung und bildet eine Art Präambel für den gesamten Dekalog. Das eigentliche Erste Gebot (genau genommen ein Verbot) ist nur der Satz „Du sollst keine anderen Götter neben mir haben." Bereits die Präambel ist bemerkenswert, denn hier stellt sich ein bis dahin offensichtlich unbekannter Gott dem Volk Israel vor. Ähnlich ist das in Ex 3f., wo Gott sich Mose als bis dahin Unbekannter mit seinem Namen vorstellt. Auch wenn die Namenserklärung in Ex 3,14f. ein wenig schief wirkt, so liegt sie darin richtig, dass der Name Jahwe mit der vermutlich aramäischen Wurzel hwh = „geschehen, wirksam sein" zusammenhängt. Es gibt in der alttestamentlichen Literatur deutliche Hinweise, dass Israel seinen Gott im Zusammenhang des Exodus kennengelernt hat. Der Gott Jahwe scheint mit den Midianitern bzw. Kenitern und einem Gebiet östlich des Golfs von Elat/Akaba in Verbindung zu stehen. Von dort gelangt er mit seiner (neuen) Trägergruppe nach Israel. Hier trifft die Ägyptengruppe auf Bevölkerungselemente, die nicht diesen Gott, sondern Sippengötter verehrten, die sogenannten Vätergötter. Diese Götter hängen eng mit ihren Trägergruppen (Sippen) zusammen, sind namenlos und stehen für Nachkommen- und Landverheißung. Benannt werden sie als „Gott Abrahams" usw. oder „Gott meines/deines Vaters". Diese Vätergötter werden später mit Jahwe identifiziert, der ganz ähnliche Züge trägt. Jahwe wird so über einige hundert Jahre hinweg zum Gott des neu entstehenden Israel, wobei auch Wesenszüge der kanaanäischen Gottheiten, vor allem des Gottes El (Isra-el !), adaptiert werden.

Monolatrie

Die Alleinverehrung innerhalb einer Sippe überträgt sich auf Israel als Ganzes – es kommt zur Religionsform der Monolatrie (griech.: monos = allein; latreuo = dienen) oder des Henotheismus (griech.: hen = eins). Dabei wird die Existenz anderer Götter nicht geleugnet. Allerdings besteht für die Verehrer der Anspruch der Alleinverehrung, es besteht ein exklusives Verhältnis zwischen Jahwe und Israel.

Monotheismus

Damit ist der Monotheismus vorbereitet, der sich in der Exilszeit herausbildet. Israel macht in dieser Zeit einen religiösen Quantensprung. Anstatt auf dem Hintergrund der Katastrophe der Zerstörung und des Exils an Jahwe zu verzweifeln und sich anderen Göttern zuzuwenden, interpretiert Israel die Katastrophe als Strafe des eigenen Gottes – angekündigt durch die Propheten –, der sich der fremden Völker als Hilfe bedient und so zum Gott der ganzen Welt wird. Der Monotheismus unterscheidet Israel von jetzt ab von seiner Umwelt und führt in der Folgezeit immer wieder zu schweren Konflikten. Denn das religiöse Systems Israels ist mit den polytheistischen Systemen der Umwelt nicht kompatibel. Und diese waren in Gestalt fremder politischer Mächte nur teilweise bereit, Israel und seiner Religion einen Sonderstatus zuzugestehen.

„Wesen" Gottes

Im zweiten Teil der Präambel, „der ich dich aus Ägypten, aus der Knechtschaft geführt habe" wird Gott näher qualifiziert. Hier wird Grundsätzliches über das atl. Gottesverständnis ausgesagt. Anders als in unserem westlichen, durch griechische und römische Philosophie geprägten Kulturkreis, wird der Gott Israels nicht über das definiert, was er ist, sondern über das, was er tut. Das Wesen Gottes ist an seinem Handeln zu erkennen, und das ist immer (direkt oder indirekt) Handeln am Menschen. Die Frage, was Gott „an sich" ist, kommt dem altisraelitischen Menschen überhaupt nicht in den Sinn. Dazu passt auch die Erklärung des Namens! Ganz ähnlich wird Luther später Gottes Wesen erklären und ist dabei sicher atl. beeinflusst.

Geschichtsbezug

Eng damit zusammen hängt der Geschichtsbezug. So fehlen in der religiösen Literatur Israels sowohl Mythen als auch Bezüge der Gottheit zum Kreislauf der Natur. Bereits die Schöpfungsgeschichten, z. T. aus der Umwelt adaptiert, verzichten auf mythisches Material und binden Gott in ein Zeitschema ein. Von nun an begleitet Gott die Menschheit – und dann das Volk Israels – durch die Geschichte. Die Propheten sehen Gott eng mit geschichtlichen Ereignissen verbunden, und selbst da, wo Endzeitgedanken aufkommen, ist an ein Ende der Geschichte gedacht.

Bedeutung des Exodus

Mit dem Exodus wird das besondere Verhältnis Gottes zu Israel und umgekehrt begründet. Zwar gibt es schon vorher entsprechende Verheißungen wie etwa Gen 12,1–3, aber erst mit dieser Heilstat wird Jahwe zum Gott des ganzen Volkes. Der Exodus wird von da an zum grundlegenden Heilsereignis der Geschichte und damit des Glaubens Israels. Die Befreiung aus der Sklaverei und die Errettung am Schilfmeer (Ex 15,21) begründen das besondere Gottesverhältnis, das durch Zuspruch und Anspruch gekennzeichnet ist – von der christlichen Dogmatik herkommend könnte man auch sagen von Evangelium und Gesetz.

Evangelium und Gesetz

Es gehört zu den schwierigsten und am häufigsten diskutierten Grundproblemen der Glaubenslehre, des praktischen Lebens und auch des Verhältnisses von Christen- und Judentum, wie sich die Heilstat Gottes, also Zuspruch oder Evangelium, und das Gesetz, also der Anspruch Gottes gegen uns, zueinander verhalten. Es ist Luthers alte Frage nach dem „gnädigen Gott" oder der „Rechtfertigung des Sünders". Von der Präambel des Dekalogs her kommend, die in diesem Fall repräsentativ für das AT steht, ist die Frage klar zu beantworten: Jedem Anspruch Gottes gegen den Menschen geht seine Heilstat voraus. Gott tritt sozusagen in Vorleistung. Bevor das Volk eine „Leistung" im Sinne von Gehorsam o. Ä. erbringt, handelt Gott souverän und ohne Bedingung. Den Geboten und allen folgenden gesetzlichen Bestimmungen geht Gottes Tat voraus. Man könnte die einzelnen Gebote darum etwa so übersetzen: „Ich bin Jahwe, dein Gott, der ich dich ... – darum sollst du". Ganz ähnlich ist das beim „Sch^e^ma Israel", dem Glaubensbekenntnis Israels (Dtn 6,4ff.): „Jahwe ist unser Gott, Jahwe ist einer – darum wirst du Jahwe, deinen Gott lieben ..." Gottes Zuspruch auf der einen Seite ist mit dem Anspruch auf der anderen Seite verknüpft, allerdings im Sinne einer freiwilligen, aus eigener Überzeugung gewonnenen inneren Zustimmung und Befolgung der Gebote. Das AT wirbt geradezu um solche Zustimmung, da es nicht um blinden Gehorsam gegenüber unverständlichen Regeln geht, sondern um solche, die das Zusammenleben zwischen Menschen erleichtern sollen und jedem einzelnen eine Lebensmöglichkeit eröffnen. Es sind Schutzbestimmungen eigenen und fremden Lebens, besonders gut ablesbar an den Zehn Geboten. Die Reihe der Gebote beginnt mit dem Gebot „Du sollst keine anderen Götter neben mir haben." Das Ge- bzw. Verbot stammt aus der Zeit der Monolatrie, hat dann aber universalen Charakter bekommen.

Gott und Mensch

Hier ist das grundsätzliche Verhältnis zwischen Gott und Mensch ganz im Sinn des eben Beschriebenen geregelt. In einer klassisch gewordenen Formulierung erklärt Luther, was ein Gott ist: „Das, wovon man alles Gute erwartet." Hier liegen Zuspruch und Anspruch in einem. Wenn die Gebote zunächst das Gottesverhältnis regeln, entsprechen sie damit dem theologischen Grundgedanken des AT und auch des NT. Der Mensch ist zuerst an Gott gewiesen – das Verhältnis von Gott und Mensch ist konstitutiv für unser Leben. Wenn dieses Verhältnis in Ordnung ist, wenn es hier biblisch gesprochen „Schalom" gibt, fällt der Rest leicht. Menschliches Leben ist umso freier und entlasteter, wenn das Gottesverhältnis, vom Menschen her gesehen der Glaube, von Vertrauen in Gott bestimmt ist. Dieses Vertrauen impliziert auch und gerade die Möglichkeit des Scheiterns und der Verfehlung, denen Gott mit „Gnade" und „Erbarmen" begegnet. Institutionell werden diese Beziehungen im Kult geregelt, dem darum im AT große Aufmerksamkeit zuteil wird.

3.3 Altes und Neues Testament

Verhältnis von AT und NT

Nach den bisherigen Überlegungen ist klar, dass das Verhältnis von AT und NT nicht durch Gegensatzpaare wie „Gesetz und Evangelium", „Auge um Auge" und „Liebe deinen Nächsten" oder „Verheißung und Erfüllung" zu beschreiben ist, wie es im allgemeinen Bewusstsein oft noch vorherrschend ist. Beide Teile der christlichen Bibel zeugen gleichermaßen vom Zuspruch und Anspruch Gottes. Das Liebesgebot selbst stammt aus dem AT (Lev 19,18); Jesus zitiert es im Zusammenhang der Frage nach dem „größten Gebot" zusammen mit dem Ersten Gebot als sogenanntes Doppelgebot der Liebe (Mt 22,34–40; Mk 12,28–32; Lk 10,25–28), wodurch AT und NT eng zusammenrücken. Und auch das Schema Verheißung und Erfüllung passt so nicht auf die beiden Bibelteile. Zunächst einmal muss man feststellen, dass die messianische Erwartung nur ein Aspekt der breiten atl. Überlieferung ist. Auf der anderen Seite weist auch das NT noch über sich hinaus und kennt eine Zukunftserwartung jenseits der eigenen Gegenwart – formuliert in der Hoffnung der Wiederkunft Christi.

Ist Jesus der Messias?

Und schließlich: Ob Jesus der Messias (= Christus) ist, erschließt sich nur dem Glauben – es lässt sich weder historisch noch theologisch beweisen. Ein Blick in die ntl. Zeitgeschichte genügt, um sich das schnell klarzumachen. Zunächst einmal waren die messianischen Erwartungen der Zeitgenossen Jesu durchaus verschieden. Sie reichten vom Friedenskönig bis hin zum gewaltsamen Befreier von römischer Unterdrückung. Es sind z. T. diese unterschiedlichen Erwartungen, denen Jesus unter anderem zum Opfer gefallen ist. Für die Mehrzahl der Menschen zur Zeit Jesu war er – auch und gerade auf dem Hintergrund seines gewaltsamen Todes – nicht der Messias. Damit stehen wir vor einem Grundproblem, das das AT selbst aufgibt und das sich nicht in der Messiasfrage erschöpft. Verkürzt gesagt: Das AT hat zwei Ausgänge. Je nachdem welchen Zug der alttestamentlichen Überlieferung man stärker betont, ist das Judentum oder eben das Christentum seine natürliche Fortsetzung. Auch im Blick auf das Judentum gilt zu bedenken, dass es, weder in der Zeit Jesu noch in der Gegenwart, nicht mit dem AT oder der israelitischen Religion des 1. Jahrtausends v. Chr. identisch ist. Für das Judentum kommt zum AT der Talmud als Auslegung und Weiterführung, ähnlich wie für das Christentum das NT. Für den organischen Zusammenhang von NT und AT spricht auch die Person Jesu. Jesus selbst ist Jude. Er sieht im Gott des AT seinen „Vater"; die atl. Überlieferungen sind für ihn bindend, mit ihnen setzt er sich teils kreativ auseinander. Das aus den Überlieferungen des AT lebende Judentum ist seine religiöse Heimat. Das gilt auch für die ersten „Christen". Das AT ist ihre Bibel, der Psalter ihr Gebetbuch. Die Ereignisse um Jesus versuchen sie (und ihre Theologen) konsequent aus dem AT heraus zu deuten und zu verstehen. Dabei gehen sie einen anderen Weg als der größere Teil des Judentums ihrer Zeit, stehen aber ebenso wie dieser auf dem Boden der atl. Tradition. So berufen sich am Ende beide, Judentum wie Christentum, mit gleichem Recht oder Unrecht auf das AT. Bei aller Verschiedenheit sind sie sich aber darin einig, dass sie den kommenden Gott und seine Herrschaft erwarten, die unter den Bedingungen menschlicher Existenz immer nur „wie durch einen Spiegel" zu erkennen ist. Und einig sind sie sich darin, dass solches Warten nicht passiv sein kann. Auch wenn AT wie NT eine klare Trennlinie zwischen Gott und Mensch ziehen, so ist für beide der Mensch doch berufen, auf die Gottesherrschaft zuzugehen und seinen Lebensraum aktiv mitzugestalten. Von den Spielregeln für eine solche Gestaltung zeugen AT wie NT in sehr ähnlicher Weise.

3.4 Zum Stand der alttestamentlichen Forschung

Rehablitierung der atl. Forschung nach 1945

Unter den fünf theologischen Hauptdisziplinen kam der atl. Forschung nach 1945 die Spitzenstellung zu. Das hatte unterschiedliche Gründe. Den NS-Machthabern mit ihrer arisch orientierten Ideologie war das biblisch begründete Christentum, aber speziell das AT ein Dorn im Auge. Die („jüdische") atl. Überlieferung passte nicht zum Plan einer Germanisierung des Christentums. So formierte sich hier unter den bekennenden Christen entsprechend starker Widerstand zur „Rettung" des AT.

wichtige Forscher nach 1945

Mit Albrecht Alt, Martin Noth, Gerhard von Rad, Otto Eißfeldt, Hans Walter Wolff, um nur einige wenige zu nennen, hatte die Fachdisziplin herausragende Wissenschaftler, die auch als Persönlichkeiten wahrgenommen wurden. Die Forschungssituation stellte sich relativ einheitlich und überschaubar dar. Das Bild der Geschichte Israels wurde bestimmt von Martin Noths Amphiktyoniehypothese – seine „Geschichte Israels" (ab 1950) war das Lehrbuch dazu. Die Theologie war bestimmt von Gerhard von Rads Entwurf (ab 1960), der die Ergebnisse der Geschichte und Exegese konsequent verarbeitete. Als Einleitung galt Eißfeldts umfangreiches Werk lange als Standard. Natürlich gab es immer auch Abweichungen vom Mainstream – sie konnten sich aber allesamt nicht durchsetzen.

unübersichtliche Situation des Fachs

Aufgrund der „übersichtlichen" Forschungslage und der seinerzeit plausiblen Ergebnisse wirkte die atl. Forschung auf die übrigen Disziplinen ein. Das ist heute völlig anders. Die atl. Disziplin hat nicht nur ihre Vorrangstellung eingebüßt, sie wird darüber hinaus kaum noch von den übrigen Fächern rezipiert. Der Grund liegt hauptsächlich in der gegenwärtig völlig unübersichtlichen Situation des Fachs. Gab es seinerzeit mit den Klassikern vielleicht eine gewisse Engführung, so sind wir heute von halbwegs geschlossenen und plausiblen Erklärungsmodellen weit entfernt.

Der Erosionsprozess begann mit der Demontage des Nothschen Amphiktyoniemodells, initiiert vor allem durch Georg Fohrer. Parallel dazu änderte sich die exegetische Fragestellung weg von der Überlieferungs- und Literarkritik hin zur Redaktions- und Tendenzkritik. Im Bereich der Prophetie nahm man verstärkt redaktionelle Anteile wahr, so etwa Otto Kaiser mit seinem Jesajakommentar (5. Aufl., 1981). Damit änderte sich gleichzeitig ein hermeneutischer Grundsatz. Galt bis dahin, dass man den biblischen Text zunächst einmal für „echt" hielt und Veränderungen beweisen musste, wurde das ins Gegenteil verkehrt: Jetzt lag die Beweislast bei denen, die die Originalität behaupteten. (Ob das methodisch überhaupt möglich ist, sei hier kritisch angefragt!) So gibt es gegenwärtig kaum noch eine Übereinkunft über exegetische Kriterien und deren Wertigkeit.

Damit war der Weg geebnet für eine konsequente Spätdatierung und damit zusammenhängend für eine verstärkte Beachtung der nachexilischen Periode und der sog. Spätschriften des AT, die bis dahin eher ein Schattendasein in der Forschung geführt hatten. Das AT wird damit insgesamt entweder näher an die griechische Kultur herangeführt, oder seine Verankerung im (nachexilischen) Judentum wird stärker betont – in beiden Fällen wird das AT zunehmend aus seinem altorientalischen Kontext herausgelöst. Dabei geht es auch um ideologische Fragen.

Die redaktionskritisch orientierte Exegese erfasste auch das DtrG und den Pentateuch. Die einstmals relativ geschlossenen Erklärungsmodelle für deren Entstehung werden mehr und mehr aufgegeben zugunsten einer immer komplexer vorgestellten redaktionellen Fortschreibung, die immer mehr einzelne Überlieferungselemente in den Blick nimmt, aber kaum ein geschlossenes Modell hervorbringt, worunter die Anschlussfähigkeit der atl. Forschung erheblich leidet. Alte „Schulen" haben sich aufgelöst und eine neue „Schulbildung" ist nicht in Sicht.

zwei wissenschaftliche „Schulen"

Allenfalls stehen sich gegenwärtig zwei Blöcke gegenüber. Die eine, eben beschriebene Gruppe von Forschern arbeitet im Rahmen der historisch-kritischen Exegese, wenn auch mit z. T. radikalen Fragestellungen und Antworten. Die andere Gruppe fragt dagegen stärker nach dem (verloren gegangenen) Gegenwartsbezug der atl. Überlieferung. Hier überwiegt ein hermeneutisch-theologisches Interesse, das nicht selten auch (gesellschafts-)politisch motiviert ist. Dieser Gruppe, die sich keineswegs einheitlich darstellt, geht es um die Relevanz des AT für die Theologie überhaupt, aber nicht weniger um Kirche und Gesellschaft. Sie versucht so, dem größten Mangel der „traditionellen" Exegese entgegenzuwirken. Dabei besteht aber nicht selten die Gefahr, dass das erkenntnisleitende Interesse die Texte überlagert.

Zu den kirchen- und gesellschaftspolitisch motivierten Ansätzen gehören die sozialgeschichtliche und die feministische Exegese. In beiden Fällen folgt die exegetisch-theologische Neuausrichtung einer allgemein veränderten Fragestellung bezogen auf bestimmte gesellschaftliche Gruppen (mit einer gewissen zeitlichen Verzögerung). Beide Fragestellungen sind nach anfänglichen Irritationen heute durchaus in den theologischen Diskurs integriert und werden von ernst zu nehmenden Forscherinnen und Forschern bearbeitet.

Eher nicht politisch motiviert sind die Ansätze einer ganzheitlichen Exegese (canonical approach, close reading, synchrone Exegese u. a.), die vor allem im angelsächsischen Bereich entwickelt wurde und zunehmend Beachtung findet. Tendenziell stärker wird auch die Einbeziehung der Wirkungsgeschichte des atl. Texts, bis dahin, dass sie das Verständnis der Texte dominiert. Der neue große Kommentar des Herder Verlags (HThK) zielt u. a. darauf ab. Von einer anderen Theoriebildung her nimmt die literaturwissenschaftliche Exegese die Bibel in den Blick. Hier steht die Verbindung von modernen Erkenntnissen aus dem Bereich der Linguistik mit den alten Texten der Bibel auf dem Programm mit dem Ziel, die Texte neu zum Sprechen zu bringen.

Rat für das Studium des Alten Testaments

Die skizzierte Forschungslage macht es Studierenden heute ungleich schwerer als früher, das Alte Testament wissenschaftlich zu durchdringen – zumal die Zahl der theologischen Veröffentlichungen in den letzten Jahren explosionsartig angestiegen ist und klare theologische Konturen weitgehend fehlen. Daher kann der Rat gegenwärtig nur lauten: Bilden Sie sich Ihr eigenes Urteil auf einer möglichst breiten Basis von Meinungen. Aber vor allem: Setzen Sie sich selbst intensiv mit den Texten auseinander und folgen Sie nicht vorschnell tatsächlichen oder angeblichen „Autoritäten". Wo immer sich die Gelegenheit bietet, treten Sie mit Ihren Dozentinnen und Dozenten in einen Dialog – und befragen Sie deren Antworten, statt nur Fragen zu beantworten. Auch wenn es heute keine „einfachen" Antworten mehr gibt – das AT mit seinem komplexen Überlieferungsprozess, in dem sich das ebenso komplexe Menschen-, Welt- und Gottesverständnis widerspiegelt, ist nicht von Ungefähr zur Grundlage für Judentum, Christentum und (mit Einschränkungen) Islam geworden. Es lohnt, sich immer wieder neu damit auseinanderzusetzen.

4. Arbeits- und Hilfsmittel zum Alten Testament

4.1 Allgemeine Literatur zum Alten Testament

1. Lexika

Allgemeine Lexika mit alttestamentlichen Beiträgen

Biographisch-Bibliographisches Kirchenlexikon (BBKL), Nordhausen, 1990ff.
Bietet u. a. solide Artikel zu biblischen Personen

Evangelisches Kirchenlexikon (EKL), Göttingen ³1986ff.
Auch hier solide Artikel, allerdings teilweise sehr knapp

Lexikon für Theologie und Kirche (LThK), Freiburg ³1993ff.
Das große katholische Lexikon mit soliden Artikeln zu biblischen Themen

Die Religion in Geschichte und Gegenwart (RGG), Tübingen ⁴1998ff.
Neuauflage des großen wiss. Lexikons des Protestantismus mit (teils kurzen) Beiträgen zu biblischen Themen

Theologische Realenzyklopädie (TRE), Berlin 1977ff.
Das große protestantische Lexikon mit Beiträgen zu biblischen Themen (meist in Aufsatzform), ausführliche Literaturangaben

Spezielle Lexika zum Alten (und Neuen) Testament

Anchor Bible Dictionary (ABD), New York 1992
Führendes englischsprachiges Lexikon auf dem neuesten Stand

Biblisch-Historisches Handwörterbuch (BHH), Göttingen 1962ff.
Umfassendes Wörterbuch biblischer Realien, archäologisch nicht mehr ganz up to date

Biblisches Reallexikon, HAT I.1 (BRL), Tübingen ²1977
Vor allem archäol. und topografisch ausgerichtetes Wörterbuch

Neues Bibel Lexikon (NBL), Zürich/Düsseldorf 1991ff. (!)
Das gegenwärtig aktuellste wiss. Wörterbuch biblischer Realien

Das wissenschaftliche Bibellexikon im Internet (WiBiLex), 2004ff. [www.wibilex.de]

Neustes Wörterbuch im Internet, wird ständig aktualisiert, schneller Zugriff, verlässlich

2. Wörterbücher

Es handelt sich um Wörterbücher zum hebräischen Text, die aber teils mit Umschrift arbeiten und wichtige exegetische Informationen bieten.

Clines, D. J. A.: The Dictionary of Classical Hebrew (DCH), Sheffield 1993ff.
Englischsprachiges Wörterbuch teilweise mit Konkordanzcharakter

Gesenius, W.: Hebräisches und Aramäisches Wörterbuch über das Alte Testament, Berlin ^{17}1962
Bisher das Standardwörterbuch der Hebraistik, stellenweise aber veraltet

Ders.: Hebräisches und Aramäisches Wörterbuch über das Alte Testament, neu bearbeitet von R. Meyer u. H. Donner, Berlin ^{18}1987ff.
Umfassende Neubearbeitung des Gesenius, noch nicht ganz fertig

Köhler, L./W. Baumgartner: Hebräisches und Aramäisches Lexikon zum Alten Testament (HAL), Leiden ^{3}1967ff.
Alternative zum Gesenius, liegt komplett vor, ausführlich, verlässlich und übersichtlich

Wörterbücher mit Lexikoncharakter, die nur Begriffe in Auswahl bieten

Theologisches Handwörterbuch zum Alten Testament (THAT), München ^{6}2004

Theologisches Wörterbuch zum Alten Testament (ThWAT), Stuttgart 1973ff.
Beide Wörterbücher sind auch ohne Hebräischkenntnisse zu verwenden (Umschrift), ThWAT ist neuer und ausführlicher, THAT dafür kompakter.

4.2 Literatur zu den einzelnen Abschnitten dieses Buches

zu 1.1 Begegnungen mit dem Alten Testament

Auslegungsgeschichte

Grätz, S./B. U. Schipper (Hgg.): Alttestamentliche Wissenschaft in Selbstdarstellungen, UTB 2920, Göttingen 2007
Hochinteressante Selbstvorstellungen verschiedener Alttestamentler, forschungsgeschichtlich sehr informativ

Kraus, H.-J.: Geschichte der historisch-kritischen Erforschung des Alten Testaments, Neukirchen-Vluyn ^{4}1988
Klassiker der Forschungsgeschichte

Reventlow, H. Graf: Epochen der Bibelauslegung, München 1990–2001
Sehr ausführliche Darstellung der Auslegungsgeschichte durch die gesamte Kirchen- und Theologiegeschichte hindurch.

Sæbø, M. (Hg.): Hebrew Bible/Old Testament. The History of its Interpretation, Göttingen 1996/2000
Neuere, informative Darstellung der Forschungsgeschichte in Englisch.

Smend, R.: Deutsche Alttestamentler in drei Jahrhunderten, Göttingen 1989
Verbindung von Biografie und Theologiegeschichte, auch unterhaltsam.

Smend, R.: Das Alte Testament im Protestantismus, GKTG 3, Neukirchen-Vluyn 1995
Beleuchtet die wechselvolle Rolle des AT in der Geschichte der Ev. Theologie, ebenfalls theologiegeschichtlich interessant

Wirkungsgeschichte

Bocian, M.: Lexikon der biblischen Personen. Mit ihrem Fortleben in Judentum, Christentum, Islam, Dichtung, Musik und Kunst, KTA 460, Stuttgart ²2004

Ebach, J./R. Faber (Hgg.): Bibel und Literatur, München ²1998

Knauer, B (Hg.): Das Buch und die Bücher. Beiträge zum Verhältnis von Bibel, Religion und Literatur, Würzburg 1997

Schwebel, H. (Hg.): Die Bibel in der Kunst, Stuttgart 1993–1996
Alle hier genannten Werke beleuchten die Rolle der Bibel in der Kulturgeschichte, besonders interessant für die Wirkungsgeschichte der Bibel außerhalb der Religion.

zu 1.2 Die wissenschaftliche Annäherung an das Alte Testament

Methodenbücher

Kreuzer, S. u.a.: Proseminar I. Altes Testament. Ein Arbeitsbuch, Stuttgart ²2005
Aus meiner Sicht das brauchbarste (Standard-)Werk für die Exegese (unter Einbeziehung neuerer Fragestellungen und der Archäologie)

Oeming, M.: Biblische Hermeneutik. Eine Einführung, Darmstadt ²2007
Sehr guter Überblick über die Zugangswege zur Bibel (kein Methodenbuch im eigentlichen Sinn)

Steck, O. H.: Exegese des Alten Testaments. Leitfaden der Methodik, Neukirchen-Vluyn ¹⁴1999
Lange Zeit das Standardwerk für Exegese, in den höheren Auflagen etwas unübersichtlich geworden

Utzschneider, H./S. A. Nitsche: Arbeitsbuch literaturwissenschaftliche Bibelauslegung. Eine Methodenlehre zur Exegese des Alten Testaments, Gütersloh ²2005

Wie der Titel andeutet, ein Methodenbuch, das vor allem die literaturwissenschaftliche Betrachtungsweise betont

Zu alternativen Zugangswegen

Kessler, R.: Sozialgeschichte des alten Israel. Eine Einführung, Darmstadt 2006
Sehr guter neuer Überblick über die Sozialgeschichte Israels

Luz, U. (Hg.): Zankapfel Bibel. Eine Bibel – viele Zugänge, Zürich [4]2003
Informativer Überblick über die verschiedenen Zugangswege zur Bibel

Preuß, H. D.: Linguistik – Literaturwissenschaft – Altes Testament, VF 27 (1982) 2–28
Forschungsüberblick zum Thema

Rebell, W.: Psychologisches Grundwissen. Ein Handbuch für Theologinnen und Theologen, Neukirchen-Vluyn 2008, 234–258
Kurzer, kenntnisreicher Überblick über die psychologische Exegese (auch insgesamt lesenswert)

Schottroff, L./M.-T. Wacker: Kompendium feministische Bibelauslegung, Gütersloh [2]1999
Umfassende Darstellung der feministischen Exegese

Welten, P.: Ansätze sozialgeschichtlicher Betrachtungsweise des Alten Testaments im 20. Jahrhundert, BThZ 6 (1989) 207–221
Forschungsüberblick zur sozialgeschichtlichen Exegese

zu 1.3 Welt und Umwelt des Alten Testaments

Geschichte und Religionsgeschichte des Vorderen Orients

Hutter, M.: Religionen in der Umwelt des Alten Testaments I. Babylonier, Syrer, Perser, KStTh 4,1, Stuttgart 1996
Guter Überblick über die Umweltreligionen

Knauf, E.A.: Die Umwelt des Alten Testaments, NSK.AT 29, Stuttgart 1994
Gesamtdarstellung der Umwelt des AT in kompakter Form

Niehr, H.: Religionen in Israels Umwelt. Eine Einführung in die nordwestsemitischen Religionen Syrien-Palästinas, NEB.AT Erg.Bd 5, Würzburg 1998
Religionsgeschichte der unmittelbaren Umwelt Israels

Noth, M.: Die Welt des Alten Testaments. Eine Einführung, Berlin [4]1962 = Freiburg 1992
Ein Klassiker, allerdings auf dem Stand der 1960er-Jahre

Veenhof, K. R.: Geschichte des Alten Orients bis zur Zeit Alexanders des Großen, GAT 11, Göttingen 2001
Guter, kompakter Überblick über die Geschichte des Vorderen Orients

Zwickel, W.: Die Welt des Alten und Neuen Testaments. Ein Sach- und Arbeitsbuch, Stuttgart 1997
Informativer Überblick über die Umwelt der Bibel, gut zugänglich

Quellen

Beyerlin, W. (Hg.): Religionsgeschichtliches Textbuch zum Alten Testament, GAT 1, Göttingen [2]1985
Übersetzung der wichtigsten Texte zur Religionsgeschichte des Vorderen Orients

Galling, K.: Textbuch zur Geschichte Israels (TGI), Tübingen [3]1979
Kleine, aber wichtige Auswahl von Quellen der Umwelt zur Geschichte Israels

Janowski, B./G. Wilhelm (Hg.): Texte aus der Umwelt des Alten Testaments. Neue Folge Bd. 1 (TUAT NF), Gütersloh 2004
Neubearbeitung, s.u.

Kaiser, O. u. a. (Hg.), Texte aus der Umwelt des Alten Testaments (TUAT) Gütersloh 1982ff.
Wichtigste, umfangreiche Quellensammlung zur Umwelt in Übersetzung, berücksichtigt alle Lebensbereiche

Landeskunde

Aharoni, Y.: Das Land der Bibel. Eine historische Geographie, Neukirchen-Vluyn 1984
Guter Überblick über die Landeskunde Israels

Keel, O. u. a.: Orte und Landschaften der Bibel. Ein Handbuch und Studienreiseführer zum Heiligen Land (OLB), Zürich 1982ff.
Sowohl historisch als auch auf die Gegenwart bezogenes umfangreiches Werk über Geografie und Landeskunde

Zwickel, W., Einführung in die biblische Landes- und Altertumskunde, Darmstadt 2002
Kompakter Überblick über die Lebensbedingungen des antiken Israel

Karten

Aharoni, Y./Avi-Yonah, M., Der Bibelatlas. Die Geschichte des Heiligen Landes 3000 Jahre vor Christus bis 200 Jahre nach Christus, Hamburg 1982
Informative Sammlung von Karten zu einzelnen Ereignissen der biblischen Geschichte, mitunter etwas historisierend

Calwer Bibelatlas, bearb. v. W. Zwickel, Stuttgart 2000
Gut zugängliche Sammlung der wichtigsten Karten

Tübinger Bibelatlas. Auf der Grundlage des Tübinger Atlas des Vorderen Orients (TAVO), hg. v. S. Mittmann/G. Schmitt, Stuttgart 2001

Wissenschaftliches Großprojekt, umfangreichste Sammlung von Kartenmaterial auf hohem Niveau

zu 1.4 Geschichte Israels

Archäologie

Finkelstein, I.: The Archaeology oft he Israelite Settlement, Jerusalem 1988
Viel gelesenes Werk zur archäol. Situation im Zusammenhang der Landnahme

Fritz, V.: Einführung in die biblische Archäologie, Darmstadt ²1993
Kurzes Standardwerk zur biblischen Archäologie

Kuhnen, H.-P.: Palästina in griechisch-römischer Zeit, Handbuch der Archäologie, Vorderasien 2.2, München 1990
Wissenschaftlich präzises Nachschlagewerk zur Archäologie der nachexilischen Zeit

Mazar, A.: Archaeology in the Land of the Bible 10.000–586 B.C., New York 1990
Überblick über die archäologische Forschung für die angegebene Zeit

Pritchard, J.B.: The Ancient Near East in Pictures. Relating to the Old Testament, Princeton ²1969
Standardwerk mit reichhaltiger Bebilderung

Stern, E. u. a. (Hg.): The New Encyclopedia of Archiological Excavations in the Holy Land (NEAEHL), Jerusalem1993
Das Standardlexikon zur biblischen Archäologie

Vieweger, D.: Archäologie der biblischen Welt, UTB 2394, Göttingen 2003
Gut lesbare, kenntnisreiche und umfassende Einführung in das Thema

Weippert, H.: Palästina in vorhellenistischer Zeit, Handbuch der Archäologie, Vorderasien 2,1, München 1988
Wissenschaftlich präzises Nachschlagewerk zur Archäologie

Geschichte Israels

Clauss, M.: Das alte Israel. Geschichte, Gesellschaft, Kultur, München 1999
Kompakte Darstellung der Geschichte Israels von einem Althistoriker

Donner, H.: Geschichte des Volkes Israel und seiner Nachbarn in Grundzügen, GAT 4, Göttingen ³2000/2001
Ausführliches, viel benutztes Standardwerk zur Geschichte Israels

Gunneweg, A. H. J.: Geschichte Israels. Von den Anfängen bis Bar Kochba und von Theodor Herzl bis zur Gegenwart, ThW 2, Stuttgart ⁶1989

Gut lesbare, nicht zu lange Darstellung der Geschichte mit einem Nachtrag zur Geschichte des modernen Israel

Herrmann, S.: Geschichte Israels in alttestamentlicher Zeit, München [2]1980
Gut lesbarer Klassiker, auf dem Stand der 1970er-Jahre

Kinet, D.: Geschichte Israels, NEB.AT Erg.Bd. 2, Würzburg 2001
Neuere, kürzere Darstellung der Geschichte

Maier, J.: Zwischen den Testamenten. Geschichte und Religion in der Zeit des zweiten Tempels, NEB.AT Erg.Bd. 3, Würzburg 1990
Informatives Werk über eine sonst nicht sehr stark beachtete Epoche

Noth, M.: Geschichte Israels, Göttingen [10]1986
In gewisser Weise Noths Vermächtnis, lange ein Klassiker, der seine Forschung zusammenfasst

Sasse, M.: Geschichte Israels in der Zeit des Zweiten Tempels. Historische Ereignisse, Archäologie, Sozialgeschichte, Religions- und Geistesgeschichte, Neukirchen-Vluyn 2004
Umfassende Darstellung des Lebens Israels in der nachexilischen Zeit

Thiel, W.: Geschichte Israels: Schmidt, W.H./Thiel, W./Hanhart, R., Altes Testament, Grundkurs Theologie 1, UB 421, Stuttgart 1989, 89–140
Gut lesbare, kenntnisreiche und kompakte Zusammenfassung der Geschichte Israels

zu 1.5 Der biblische Text

Hebräische Textausgaben

The Aleppo Codex, hg. v. M. H. Goshen-Gottstein, Jerusalem 1976ff.
Liegt noch nicht komplett vor; Alternative zur BHS (andere Textgrundlage)

Biblia Hebraica Stuttgartensia, hg. v. K. Elliger/W. Rudolph, Stuttgart [5]1997 (BHS)
BHS ist die weltweit benutzte, wissenschaftliche Textausgabe des AT

Biblia Hebraica Quinta, hg. v. A. Schenker u. a., Stuttgart 2004ff.
Geplante Neubearbeitung der BHS

Andere antike Texte und Übersetzungen

The Bible in Aramaic. Based on Old Manuscripts and Printed Texts, hg. v. A. Sperber, Leiden 1992ff.

Biblia Sacra iuxta Vulgatam versionem, hg. v. R. Weber, Stuttgart [4]1994

Discoveries in the Judean Desert, Oxford 1955ff. (DJD)

Septuaginta. Id est Vetus Testamentum graece iuxta LXX interpretes, hg. v. A. Rahlfs, Stuttgart 1971[9]

Septuaginta. Vetus Testamentum graecum auctoritate academiae scientiarum Gottingensis editum, Göttingen 1931ff.

Abegg, M./P. Flint/E. Ulrich: The Dead Sea Scrolls Bible, Edinburgh 1999
Allesamt wissenschaftliche (Standard-)Textausgaben

Deutsche Bibeln

Die Bibel. Nach der Übersetzung Martin Luthers, revidierte Fassung, Stuttgart 1984

Die Heilige Schrift des Alten und Neuen Testaments, Zürich 2006

Elberfelder Bibel, revidierte Fassung, Wuppertal 1985

Die Gute Nachricht, revidierte Fassung, Stuttgart 1997

Bibel in gerechter Sprache, Gütersloh [3]2007

Neue Jerusalemer Bibel. Einheitsübersetzung mit dem Kommentar der Jerusalemer Bibel, hg. v. A. Deissler/U. Schütz, Freiburg [13]2005
Zu den einzelnen Übersetzungen vgl. im Buch unter 1.5

Konkordanzen

Even-Shoshan, E.: A New Concodance of the Bible, Jerusalem 1993 (= 1990) [hebr.]

Lisowsky, G./L. Rost: Konkordanz zum Hebräischen Alten Testament, bearb. v. Rüger, H.P., Stuttgart [3]1993 [hebr.]
Wissenschaftliche Standardwerke zur Erschließung des hebräischen Texts

Große Konkordanz zur Lutherbibel, Stuttgart [3]1993
Informativ, wenn man mit dem deutschen Text arbeitet

Computerprogramme zur Erschließung des biblischen Texts

Bible Works 7.0 on CD-ROM, Silver Mountain Software, 2003

Bible Works 6 on CD-ROM, Bible Works, LLC, 2003

Stuttgarter Elektronische Studienbibel (SESB), Stuttgart 2004
Vor allem die Konkordanzfunktion ist wichtig. Die Software ermöglicht auch Suche nach komplexen Strukturen.

zu 2. Die Bücher des Alten Testaments

Zu exegetischen Einzelproblemen gibt es inzwischen eine unüberschaubare Zahl von Publikationen. Hier eine Auswahl zu einzelnen Büchern zu treffen, ist gegenwärtig unmöglich. Speziallliteratur zu Einzelfragen bzw. zu einem Buch als Ganzem erschließen sich gut über die sogenannten „Einleitungen" oder über Kommentare zum jeweiligen Buch. In den

Kommentaren wird jeweils ein Buch bzw. ein größerer Teilabschnitt vers- und abschnittweise besprochen. Außerdem werden Fragen von Aufbau und Entstehung des Buches behandelt. Die wichtigsten (deutsch- und englischsprachigen) Kommentarreihen sind unten genannt.

Bibelkunden

Augustin, M./J. Kegler: Bibelkunde des Alten Testaments. Ein Arbeitsbuch, Gütersloh ²2000
Ausführliches Arbeitsbuch

Oeming, M.: Bibelkunde Altes Testament. Ein Arbeitsbuch zur Information, Repetition und Präparation, Stuttgart 1995
Nützliches Hilfsmittel zur Erschließung der Texte

Rösel, M.: Bibelkunde des Alten Testaments. Die kanonischen und apokryphen Schriften, Neukirchen-Vluyn ⁴2004
Knappe, gute Übersicht, teilweise mit Einleitungscharakter

Preuß, H. D.: Bibelkunde des Alten und Neuen Testaments. 1 Altes Testament, Heidelberg ³1985
Lange Zeit der Klassiker unter den Bibelkunden, immer noch informativ

Einführungen

Hann, M.: Die Bibel, KulturKompakt, Paderborn 2005

Lang, B.: Die Bibel. Eine kritische Einführung, UTB 1594, Paderborn ²1994

Levin, C.: Das Alte Testament, C.H. Beck Wissen 2160, München ²2003
Alle genannten Werke bieten eine knappe Einführung in die biblische Literatur.

Einleitungen

Boecker, H. J. u. a.: Altes Testament, Neukirchen-Vluyn ⁵1996
Viel gelesenes Buch mit thematischen Schwerpunkten

Fohrer, G.: Einleitung in das Alte Testament, Heidelberg ¹²1979
Klassische Einleitung, repräsentiert den damaligen Forschungsstand

Gertz, J. C. u. a.: Grundinformation Altes Testament, Göttingen 2006
Sehr informatives Buch über alle Bereiche alttestamentlichen Forschung auf neuerem Stand

Kaiser, O.: Einleitung in das Alte Testament, Gütersloh ⁵1984
Ein Klassiker, in den 1980er-Jahren auf dem neuesten Stand der Forschung

Kaiser, O.: Grundriß der Einleitung in die kanonischen und deuterokanonischen Schriften des Alten Testaments, Gütersloh 1992–1994

Stärker benutzerorientiert als die Einleitung, dazu sind Apokryphen berücksichtigt

Schmid, K.: Literaturgeschichte des Alten Testaments. Eine Einführung, Darmstadt 2008
Berücksichtigt neuesten Forschungsstand

Schmidt, W. H.: Einführung in das Alte Testament, Berlin [5]1995
Lange ein gut lesbarer, auch allgemein verständlicher Klassiker

Schmitt, H.-C.: Arbeitsbuch zum Alten Testament, Göttingen 2005
Informative, gut lesbare neuere Übersicht über den Stand der Forschung

Smend, R.: Die Entstehung des Alten Testaments, ThW 1, Stuttgart [5]1995
Knappe, informative Einführung in die Entstehung des AT

Zenger, E. u. a.: Einleitung in das Alte Testament, KStTh 1,1, Stuttgart, [5]2004
Viel gelesenes Werk verschiedener Verfasser mit oft neuen Sichtweisen zur Entstehung des AT

Kommentarreihen

Das Alte Testament Deutsch (ATD), Göttingen
Gut lesbar, neure Bände auf heutigem Stand, (auch) allgemein verständlich; teilweise Klassiker

The Anchor Bible (AB), Garden City
Englischsprachiger Standardkommentar

Biblischer Kommentar. Altes Testament (BK), Neukirchen-Vluyn
Groß angelegter wissenschaftlicher Kommentar

Handbuch zum Alten Testament (HAT), Tübingen
Wissenschaftlicher Kommentar in relativ knapper Form, neue Bände informativ

Herders Theologischer Kommentar zum Alten Testament (HThK), Freiburg
Neuer, groß angelegter wissenschaftlicher Kommentar mit Einbeziehung der Wirkungsgeschichte

The International Critical Commentary on the Old Testament (ICC), Edinburgh
Vor allem philologisch orientierter englischer Kommentar

Kommentar zum Alten Testament (KAT), Gütersloh
Wissenschaftlicher, gut nutzbarer Kommentar (Reihe ausgelaufen)

Die Neue Echter Bibel: Kommentar zum Alten Testament (NEB.AT), Würzburg
Allgemeinverständlicher Kommentar, ausgehend vom Text der Einheitsübersetzung

Neuer Stuttgarter Kommentar – Altes Testament (NSK.AT), Stuttgart

Allgemeinverständlicher, gut zugänglicher Kommentar

Old Testament Library (OTL), London
Das englische Pendant zum ATD (teilweise Überschneidungen)

Word Biblical Commentary (WBC), Waco, Texas
Amerikanischer Standardkommentar, teilweise etwas biblizistisch

Zürcher Bibelkommentar zum Alten Testament (ZBK.AT), Zürich
Parallelwerk zum ATD; vor allem die neueren Bände sind sehr informativ

zu 3. Theologie des Alten Testaments

Hermeneutik

Dohmen, C.: Vom Umgang mit dem Alten Testament, NSK.AT 27, Stuttgart 1995
Hermeneutik des AT im katholischen Kontext

Dohmen, C./G. Stemberger: Hermeneutik der Jüdischen Bibel und des Alten Testaments, KStTh 1,2, Stuttgart 1996
Wie im Titel angedeutet, geht es u. a. um das AT im christlichen und jüdischen Kontext.

Gunneweg, A. H. J.: Vom Verstehen des Alten Testaments. Eine Hermeneutik, GAT 5, Göttingen ²1988
Früher klassisches Lehrbuch zum Thema

Oeming, M.: Biblische Hermeneutik. Eine Einführung, Darmstadt ²2007
Gut lesbare, neuere Übersicht zum Thema

Theologie/Religionsgeschichte

Albertz, R.: Religionsgeschichte Israels in alttestamentlicher Zeit, GAT 8, Göttingen ²1996/1997
Bewusster Gegenentwurf zu einer klassischen Theologie des AT

Childs, B. S.: Die Theologie der einen Bibel, Freiburg 1994/1996 (= Darmstadt 2003)
Hier steht die biblische Theologie (Zusammenhang von AT und NT) im Vordergrund.

Gunneweg, A. H. J.: Biblische Theologie des Alten Testaments: eine Religionsgeschichte Israels in biblisch-theologischer Sicht, Stuttgart 1993
Ansatz, der über die klassische Theologie des AT hinausgeht

Hartenstein, F.: Religionsgeschichte Israels – ein Überblick über die Forschung seit 1990: VF 48 (2003) 2–28

Jeremias, J.,:Neue Entwürfe zu einer „Theologie des Alten Testaments“: Janowski, B. (Hg.), Theologie und Exegese des Alten Testaments/der Hebräischen Bibel, SBS 200, Stuttgart 2005, 125–158

Kaiser, O.: Der Gott des Alten Testaments. Wesen und Wirken. Theologie des Alten Testaments, Göttingen, 1993-2003
Systematisch orientierte Theologie mit einem weiten Horizont

Otto, E.: Theologische Ethik des Alten Testaments, ThW 3,2, Stuttgart 1994
Zusammenfassende, systematische Darstellung ethischer Themen

Preuß, H. D.: Theologie des Alten Testaments, Stuttgart 1991/1992
Klassisches Lehrbuch, systematisch nach Themen geordnet

von Rad, G.: Theologie des Alten Testaments, München ^{10}1992/^{10}1993
Der Klassiker der 2. Hälfte des 20. Jahrhunderts, immer noch sehr lesenswert

Rendtorff, R.: Theologie des Alten Testaments. Ein kanonischer Entwurf, Neukirchen-Vluyn, 1999/2001

Reventlow, H. Graf: Hauptprobleme der alttestamentlichen Theologie im 20. Jahrhundert, EdF 173, Darmstadt 1982
Knapper forschungsgeschichtlicher Überblick

Reventlow, H. Graf, Hauptprobleme der Biblischen Theologie im 20. Jahrhundert, EdF 203, Darmstadt 1983
Forschungsüberblick zum Thema biblische Theologie

Schmidt, W. H.: Alttestamentlicher Glaube, Neukirchen-Vluyn, 2004
Viel gelesenes Lehrbuch, geschichtlich-systematisch orientiert

Schreiner, J.: Theologie des Alten Testaments, NEB.AT Erg.Bd. 1, Würzburg 1995
Neuere Darstellung der Theologie des AT aus katholischer Sicht

Zimmerli, W.: Grundriß der alttestamentlichen Theologie, ThW 3,1, Stuttgart ^{7}1999
Viel benutztes, knappes, aber gut lesbares Lehrbuch